FRUCTE DE DRAGONUL TRATEAZĂ

Explorați aromele dulci și sărate ale fructelor dragonului în 100 de rețete delicioase pentru fiecare masă și ocazie

Valentin Diaconu

Material cu drepturi de autor ©2023

Toate drepturile rezervate

Nicio parte a acestei cărți nu poate fi utilizată sau transmisă sub nicio formă sau prin orice mijloc fără acordul scris corespunzător al editorului și al proprietarului drepturilor de autor, cu excepția citatelor scurte utilizate într-o recenzie. Această carte nu trebuie considerată un substitut al sfaturilor medicale, juridice sau de altă natură profesională.

CUPRINS

CUPRINS 3
INTRODUCERE 6
MIC DEJUN Ș I BRUNCH 7
1. Budinca de chia cu fructe de dragon 8
2. Clătite cu fructe de dragon ș i nucă de cocos 10
3. Pâine prăjită cu fructe de dragon ș i avocado 12
4. Terci de ovăz cu fructe de dragon cu fulgi de secară 14
5. Făină de ovăz roz cu pudră de pitaya 16
6. Brioș e cu fructe de dragon ș i banane 18
7. Pâine prăjită cu avocado cu aromă de fructe de dragon 20
8. Bol cu iaurt cu fructe de dragon ș i granola 22
9. Fructul dragonului ș i fulgi de ovăz cu nucă de cocos 24
10. Pâine prăjită cu fructe de dragon ș i unt de migdale 26
Aperitive ș i gustări 28
11. Enchilada cu fructe de dragon ș i fasole neagră 29
12. Bruscheta cu fructe de dragon 31
13. Chipsuri de fructe de dragon 35
15. Briose cu fructe de dragon albe la abur 39
16. Frigarui Caprese Dragon Fruit 41
17. Dragon Fruit Chia Energy Balls 43
18. Muș cături de energie din fructe de dragon ș i nucă de cocos ... 31
20. Muș cături de cheesecake cu fructe de dragon 47
21. Trufe de ciocolată cu fructe de dragon 49
22. Curmale umplute cu fructe de dragon ș i unt de nuci 51
FORM PRINCIPAL 53
23. Fructul dragonului cu piure de pui ș i nuci 54
24. Prăjirea cu creveț i din fructele dragonului 57
25. Poke Bowl cu fructe de dragon ș i somon 59
26. Tacos cu fructe de dragon ș i porc 61
27. Orez prăjit cu dragon 63
28. Ton prăjit cu salsa de fructe de dragon 65
29. Pui la gratar cu salsa de fructe de dragon 67
30. Curry cu fructe de dragon 78
31. Ciuperci Portobello umplute cu fructe de dragon 69
SUPE SI CURRURI 71
32. Dragon Fruit ș i Tofu Curry 72
33. Supă de fructe proaspete cu flori roz 74
35. Supă Pitaya Sago Cocos Mango 76
SALATE 78

36. Salată cu fructe de dragon cu vin de prune 81
37. Salata de fructe exotice 83
38. Salată de mere cu fructe dragonului.. 85
40. Salată de fructe de dragon cu Tajin 87
41. Salată de fructe de dragon şi avocado cu creveţi la grătar 89
42. Salată cu fructe de dragon şi kiwi 91
43. Salată de fructe de dragon cu dressing de ghimbir şi lămâie 93
44. Salată cu fructe de dragon şi quinoa 96
45. Salată cu fructe de dragon şi portocale cu sânge 98
46. Salată de fructe de dragon cu vin de prune 100
47. Fructe dragon şi salată de crabi 102
48. Salată Waldorf de fructe de dragon 104

DESERT 106

49. Tartă Goji, Fistic şi Lămâie 107
50. Dragon Fruit Iaurt Parfait 110
51. Popsicles cu fructe de dragon 112
52. Sorbet cu fructe de dragon 114
53. Cupcakes din şifon cu fructe de dragon 116
54. Tort cu mousse de zmeura si fructe de dragon 118
55. Jeleuri cu fructe de dragon 120
56. Popsicles de guava cu fructe de dragon 122
57. Popsicles cu fructe de dragon cu zmeură 124
58. Tort cu straturi cu fructe de dragon roz 126
59. Tartă cu blat cu fructe de dragon 128
60. Placintă cu fructe de dragon imposibil 131
61. Tort cu cremă de unt cu fructe de dragon 133
62. Fructul Dragonului Barfi 135
63. Budinca de tapioca cu fructe de dragon 137
64. Fructul Dragonului Firni 139
65. Cremă cu fructe de dragon cu Tartă Bezea şi Alune 141
66. Dragon Fruit Cocos Modak 143
67. Fructul Dragonului Kalakand 145
68. Lassi cu aromă de fructe de dragon 171
69. Jeleu sau budincă de fructe de dragon 147
70. Budinca din fructele dragonului roşu 149

SALSA SI SOSURI 151

71. Salsa cu fructe de dragon 152
72. Dragon Fruit Guacamole 154
73. Chutney de fructe de dragon 156
74. Muştar din fructele dragonului 158
75. Aioli cu fructe de dragon 160

SMOOTHIES 166
76. Smoothie Dragon Mango 167
77. Smoothie cu fructe de dragon pe bază de plante 169
78. Smoothie cu fructe de dragon cu fructe de pădure 171
79. Borcane pentru Smoothie cu Cocos, Chia Dragon Fruit 175
80. Smoothie Bowl cu fructe de dragon cu vanilie 177
81. Smoothie cu fructe de dragon şi ananas 179
82. Bloody Dragon Fruit Smoothie 181
83. Pitaya Bowl (Fructul Dragonului) 183
84. Smoothie cu sfeclă şi fructe de dragon 185
85. Smoothie Bowl cu ghimbir cu fructe dragonului 187
86. Milkshake cu fructe de dragon 189
87. Smoothie cu fructe de dragon şi migdale 191
88. Smoothie de ovăz cu fructe de dragon 193
89. Dragon Fruit Mango Iaurt şi Yakult Smoothie 195
90. Smoothie cu fructe de dragon şi căpşuni 197

COCKTAILURI ŞI MOCKTAILURI 199
91. Mojito cu fructe de dragon 200
92. Dragon Fruit Castravete Limeade 202
93. Litchi Dragon Mocktail 205
94. Kiwi Red Dragon Juice 207
95. Limonada din fructele dragonului 209
96. Fructul dragonului-Suc de prune 211
97. Dragon Fruit Margarita 213
98. Dragon Fruit Spritzer 215
99. Cocktail de fructe de dragon şi fructe de soc 217
100. Cocktail Pitaya Picante 219

CONCLUZIE 221

INTRODUCERE

Bun venit la FRUCTE DE DRAGONUL TRATEAZĂ! Această carte de bucate este o sărbătoare a fructului unic și vibrant cunoscut sub numele de fructul dragonului, numit și pitaya. Cu pielea sa de culoare roz sau galben strălucitor și carnea suculentă, ușor dulce, pătată cu semințe negre, fructele dragonului nu sunt doar o sărbătoare pentru ochi, ci și pentru papilele gustative.

În această carte de bucate, veți găsi peste 50 de rețete care prezintă natura versatilă a acestui fruct tropical. De la boluri de smoothie și salate la tacos și cartofi prăjiți, fructele dragonului pot fi folosite atât în mâncăruri dulci, cât și sărate, adăugând un strop de culoare și un gust răcoritor meselor tale.

Fructul dragonului nu numai că este delicios, dar este și plin de nutrienți. Acest fruct are un conținut scăzut de calorii, dar bogat în fibre, antioxidanți și vitamine C și B, ceea ce îl face un excelent plus pentru o dietă sănătoasă și echilibrată.

Deci, haideți să ne scufundăm în lumea fructelor dragonului și să descoperim toate modalitățile încântătoare de a vă bucura de acest fruct exotic!

MIC DEJUN ȘI BRUNCH

1. Budincă de Chia cu fructe de dragon

INGREDIENTE:
- 1 Fructul Dragonului
- 1 cană lapte de cocos
- ¼ de lingurita de extract de vanilie (sau ½ lingurita de esenta de vanilie)
- 2 linguri de zahăr
- 4 linguri de semințe de chia

INSTRUCȚIUNI:
a) Curățați și tăiați fructele dragonului.
b) Amestecați toate ingredientele până la omogenizare.
c) Dă-l la frigider pentru 1-3 ore sau până peste noapte pentru a se întări.
d) Se ornează și se servește rece.

2. Clătite cu fructe de dragon și nucă de cocos

INGREDIENTE:
- 1 fruct dragon
- 1 cană de făină universală
- 2 lingurițe praf de copt
- ¼ lingurița sare
- 1 ou
- 1 cană lapte de cocos
- 2 linguri ulei de cocos

INSTRUCȚIUNI:
a) Tăiați fructele dragonului în jumătate și scoateți carnea.
b) Într-un castron, amestecați făina, praful de copt și sarea.
c) Într-un castron separat, amestecați oul, laptele de cocos și uleiul de cocos.
d) Adăugați ingredientele umede la ingredientele uscate și amestecați până când se combină.
e) Îndoiți pulpa fructului dragonului.
f) Încinge o tigaie antiaderentă la foc mediu și pune aluatul pe tigaie.
g) Gătiți clătitele timp de 2-3 minute pe fiecare parte sau până când se rumenesc.
h) Se serveste fierbinte, acoperite cu sirop sau fructe suplimentare.

3. Pâine prăjită cu fructe de dragon și avocado

INGREDIENTE:
- 1 fruct dragon
- 1 avocado
- 2 felii de paine integrala
- 1 lingura suc de lamaie
- Sare si piper, dupa gust

INSTRUCȚIUNI:
a) Tăiați fructele dragonului în jumătate și scoateți carnea.
b) Tăiați avocado în jumătate și îndepărtați sâmburele.
c) Scoateți pulpa de avocado și zdrobiți-o într-un castron.
d) Se amestecă sucul de lămâie, sare și piper.
e) Prăjiți feliile de pâine.
f) Întindeți amestecul de avocado pe pâine prăjită.
g) Deasupra cu fructe de dragon feliate.
h) Serviți imediat.

4. Terci de ovăz cu fructe de dragon și banane de soia cu fulgi de secară

INGREDIENTE:
- 1/2 cană de ovăz
- 1 cană lapte de soia (sau orice lapte la alegere)
- 1 banană coaptă, piure
- 1/2 cană piure de fructe de dragon
- 1 lingura miere sau sirop de artar
- Fulgi de secară pentru topping
- Banane tăiate și fructe de dragon pentru decor

INSTRUCȚIUNI:
Într-o cratiță, combinați ovăzul și laptele de soia. Gatiti la foc mediu pana cand ovazul este moale si amestecul se ingroasa.
Se amestecă piureul de banane, piureul de fructe de dragon și mierea sau siropul de arțar.
Continuați să gătiți câteva minute până când se combină bine și se încălzește.
Se ia de pe foc si se lasa sa se raceasca putin.
Deasupra se presară fulgi de secară și se ornează cu banane feliate și fructe de dragon.
Serviți cald.

5. Făină de ovăz roz cu pudră de pitaya

INGREDIENTE:

- 1 cană de ovăz rulat
- 2 căni de apă
- 2 linguri pulbere pitaya
- Miere sau sirop de arțar după gust
- Fructe proaspete și nuci pentru topping

INSTRUCȚIUNI:

Într-o cratiță, aduceți apa la fiert.

Adăugați fulgi de ovăz în apa clocotită și gătiți conform instrucțiunilor de pe ambalaj.

Se amestecă pudra de pitaya și se îndulcește cu miere sau sirop de arțar, după gust.

Se ia de pe foc si se lasa sa se raceasca putin.

Acoperiți cu fructe proaspete și nuci.

Serviți cald.

6. Brioșe cu fructe de dragon și banane

INGREDIENTE:
- 1 fruct dragon
- 1 banană
- ½ cană zahăr
- ¼ cană ulei vegetal
- 1 ou
- 1 cană de făină universală
- 1 lingurita praf de copt
- ½ lingurita de bicarbonat de sodiu

INSTRUCȚIUNI:
a) Preîncălziți cuptorul la 350°F (175°C).
b) Tăiați fructele dragonului în jumătate și scoateți carnea.
c) Într-un castron, zdrobiți banana și adăugați zahărul și uleiul vegetal.
d) Bateți oul până se combină bine.
e) Într-un castron separat, amestecați făina, praful de copt și bicarbonatul de sodiu.
f) Îndoiți ingredientele uscate în amestecul de banane până când se combină.
g) Îndoiți pulpa fructului dragonului.
h) Tapetați o formă de brioșe cu folii de hârtie și turnați aluatul în fiecare ceașcă.
i) Coaceți 20-25 de minute, sau până când o scobitoare introdusă în centru iese curată.
j) Lăsați brioșele să se răcească înainte de a le servi.

7. Pâine prăjită cu avocado cu aromă de fructe de dragon

INGREDIENTE:
- 2 felii de pâine
- 1 avocado copt
- Felii de fructe de dragon
- Sare si piper dupa gust
- Suc de lămâie (opțional)
- Fulgi de chili (opțional)

INSTRUCȚIUNI:
Prăjiți feliile de pâine până se rumenesc.

Se zdrobește avocado copt cu o furculiță și se întinde uniform pe pâinea prăjită.

Acoperiți avocado cu felii de fructe de dragon.

Se condimenteaza cu sare si piper dupa gust.

Stoarceți puțin suc de lămâie deasupra și presărați fulgi de chili pentru un plus, dacă doriți.

Serviți imediat.

8. Bol cu iaurt cu fructe de dragon și granola

INGREDIENTE:
- 1 fruct dragon
- 1 cană iaurt grecesc
- ½ cană granola
- 1 lingura miere

INSTRUCȚIUNI:
a) Tăiați fructele dragonului în jumătate și scoateți carnea.
b) Într-un castron, amestecați iaurtul grecesc și mierea.
c) Într-un castron separat, puneți un strat cu pulpa de fructe de dragon, amestecul de iaurt grecesc și granola.
d) Repetați straturile până când sunt folosite toate ingredientele.
e) Servit rece.

9. Fructul dragonului și fulgi de ovăz cu nucă de cocos

INGREDIENTE:
- 1 fruct dragon
- 1 cană de ovăz rulat
- 2 cani de lapte de cocos
- ¼ cană nucă de cocos mărunțită
- ¼ cană miere

INSTRUCȚIUNI:
a) Tăiați fructele dragonului în jumătate și scoateți carnea.
b) Într-o cratiță, combinați ovăzul rulat, laptele de cocos, nuca de cocos mărunțită și mierea.
c) Gatiti amestecul la foc mediu, amestecand des, timp de 10-15 minute, sau pana cand fulgii de ovaz devin grosi si cremosi.
d) Se amestecă pulpa fructului dragonului.
e) Serviți fierbinte, acoperit cu fructe sau nuci suplimentare.

10. Pâine prăjită cu fructe de dragon și unt de migdale

INGREDIENTE:
- 1 fruct dragon
- 2 felii de paine integrala
- 2 linguri de unt de migdale
- 1 lingura miere

INSTRUCȚIUNI:
a) Tăiați fructele dragonului în jumătate și scoateți carnea.
b) Prăjiți feliile de pâine.
c) Întindeți untul de migdale pe pâine prăjită.
d) Deasupra cu fructe de dragon feliate.
e) Stropiți cu miere.
f) Serviți imediat.

Aperitive și gustări

11. Enchilada cu fructe de dragon și fasole neagră

INGREDIENTE:

- 1 fruct dragon
- 1 cutie de fasole neagra, scursa si clatita
- ½ cana ceapa rosie tocata
- ¼ cană coriandru tocat
- 1 lime, suc
- 1 lingurita pudra de chili
- 1 lingurita praf de usturoi
- Sare si piper dupa gust
- 8 tortilla mici de porumb
- 1 cană sos enchilada
- 1 cană brânză cheddar mărunțită

INSTRUCȚIUNI:

a) Tăiați fructele dragonului în jumătate și scoateți carnea.
b) Într-un castron mare, combinați fasolea neagră, ceapa roșie, coriandru, sucul de lămâie, pudra de chili, pudra de usturoi, sare și piper.
c) Îndoiți pulpa fructului dragonului.
d) Preîncălziți cuptorul la 375 ° F (190 ° C).
e) Întindeți un strat subțire de sos enchilada pe fundul unui vas de copt de 9 x 13 inci.
f) Încălziți tortilla în cuptorul cu microunde sau pe o grătar.
g) Puneți cu lingură fructele dragonului și amestecul de fasole neagră pe fiecare tortilla și rulați-o strâns.
h) Așezați tortilla rulate cu cusătura în jos în tava de copt.
i) Turnați sosul enchilada rămas peste partea de sus a tortillas-urilor rulate.
j) Presărați brânză cheddar mărunțită deasupra.
k) Coaceți 20-25 de minute, sau până când brânza este topită și clocotită.
l) Serviți fierbinte cu coriandru suplimentar și felii de lime, dacă doriți.

12. Mușcături de energie din fructe de dragon și nucă de cocos

INGREDIENTE:
- 1 cană curmale fără sâmburi
- 1 cană caju crude
- 1/2 cană nucă de cocos mărunțită
- 1/4 cană piure de fructe de dragon
- 1 lingura de seminte de chia
- 1 lingura miere sau sirop de artar (optional)
- Nucă de cocos mărunțită suplimentar pentru rulare

INSTRUCȚIUNI:
Într-un robot de bucătărie, amestecați curmalele, nucile de caju, nuca de cocos mărunțită, piureul de fructe de dragon, semințele de chia și mierea sau siropul de arțar (dacă doriți) până când se combină bine și amestecul se lipește.

Rulați amestecul în bile mici de mărimea unei mușcături.

Rulați mușcăturile energetice în nuca de cocos mărunțită suplimentar pentru a le acoperi.

Puneți mușcăturile energetice pe o tavă de copt tapetată cu hârtie de copt.

Dați la frigider cel puțin 1 oră pentru a se întări.

Bucurați-vă de aceste hrănitoare și gustoase fructe de dragon și mușcături energetice din nucă de cocos ca o gustare rapidă.

13. Bruscheta cu fructe de dragon

INGREDIENTE:
- 1 fruct dragon
- ½ cană roșii tăiate cubulețe
- ¼ cană busuioc tocat
- ¼ cană brânză feta mărunțită
- 2 linguri glazura balsamic
- Felii de baghetă prăjite

INSTRUCȚIUNI:
a) Tăiați fructele dragonului în jumătate și scoateți carnea.
b) Într-un castron mediu, combinați fructele dragonului, roșiile, busuiocul și brânza feta.
c) Amestecați bine și lăsați bruschetta să stea cel puțin 10 minute pentru a permite aromelor să se topească.
d) Acoperiți fiecare felie de baghetă cu bruscheta cu fructe de dragon și stropiți cu glazură balsamică.
e) Serviți imediat.

14. Chips de fructe de dragon

INGREDIENTE:
- 2 fructe de dragon
- 2 linguri ulei de cocos
- Sarat la gust

INSTRUCȚIUNI:
a) Preîncălziți cuptorul la 200°F.
b) Tapetați o foaie de copt cu hârtie de copt.
c) Tăiați fructele dragonului în felii subțiri.
d) Într-un castron, amestecați feliile cu ulei de cocos și sare.
e) Aranjați feliile pe tava de copt.
f) Coaceți 2-3 ore sau până când feliile sunt crocante.

15. Rulouri cu fructe de dragon și brânză cremă

INGREDIENTE:
- 1 fruct de dragon, tăiat cubulețe
- 4 uncii de brânză cremă, înmuiată
- 4 tortilla de faina
- 2 linguri miere

INSTRUCȚIUNI:
a) Întindeți crema de brânză pe fiecare tortilla de făină.
b) Presărați fructele dragonului tăiate cubulețe pe cremă de brânză.
c) Stropiți cu miere peste fructul dragonului.
d) Rulați tortilla strâns.
e) Tăiați fiecare rulou în bucăți de dimensiuni mici.

16. Briose cu fructe de dragon albe la abur

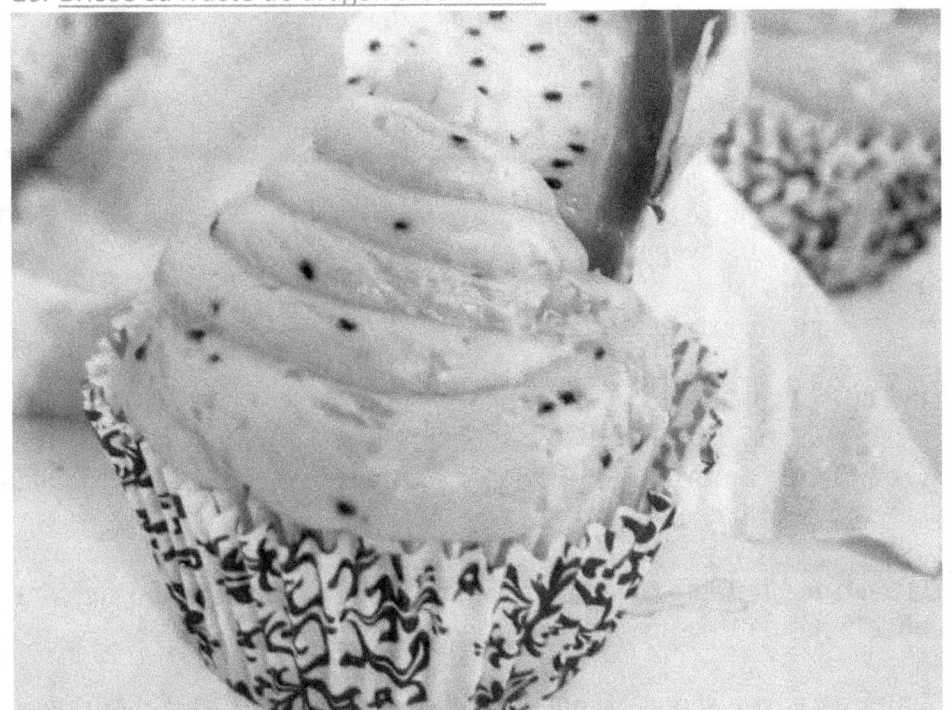

INGREDIENTE:
- 1 cană de făină universală
- 1/2 cană zahăr
- 1 lingurita praf de copt
- 1/2 lingurita de bicarbonat de sodiu
- 1/4 lingurita sare
- 1/2 cană piure de fructe de dragon alb
- 1/4 cană ulei vegetal
- 1/4 cană lapte
- 1 lingurita extract de vanilie

INSTRUCȚIUNI:

Preîncălziți cuptorul la 350°F (175°C). Ungeți o formă de brioșe sau tapetați cu folii de hârtie.

Într-un bol de amestecare, combinați făina, zahărul, praful de copt, bicarbonatul de sodiu și sarea.

Într-un castron separat, amestecați piureul de fructe albe de dragon, uleiul vegetal, laptele și extractul de vanilie.

Turnați ingredientele umede în ingredientele uscate și amestecați până se omogenizează.

Împărțiți aluatul uniform între cupele de brioșe.

Coaceți 15-20 de minute sau până când o scobitoare introdusă în centru iese curată.

Scoatem din cuptor si lasam sa se raceasca inainte de servire.

17. Frigarui Caprese cu fructe de dragon

INGREDIENTE:
- 1 fruct dragon, cuburi
- Biluțe proaspete de mozzarella
- roșii cherry
- Frunze de busuioc proaspăt
- Glazură balsamică pentru stropire

INSTRUCȚIUNI:
Așezați un cub de fructe de dragon, o bilă de mozzarella, o roșie cherry și o frunză de busuioc pe fiecare frigărui.

Repetați până când sunt folosite toate ingredientele.

Aranjați frigaruile pe un platou.

Stropiți cu glazură balsamică chiar înainte de servire.

Bucurați-vă de aceste frigărui vibrante și aromate ca un aperitiv ușor și colorat.

18. Dragon Fruit Chia Energy Balls

INGREDIENTE:
- 1 cană curmale fără sâmburi
- 1 cană migdale
- 1/2 cană nucă de cocos măruntită uscată
- 1/4 cană piure de fructe de dragon
- 1 lingura de seminte de chia
- 1 lingura miere sau sirop de artar (optional)

INSTRUCȚIUNI:
Într-un robot de bucătărie, amestecați curmalele, migdalele, nuca de cocos măruntită uscată, piureul de fructe de dragon, semințele de chia și mierea sau siropul de arțar (dacă se dorește) până când se combină bine și amestecul se lipește.

Rulați amestecul în bile mici.

Pune bilele energetice într-un recipient ermetic și dai la frigider pentru cel puțin 1 oră pentru a se întări.

19. Fructe Dragon și Parfait Mușcături Iaurt

INGREDIENTE:
- 1 cană iaurt grecesc
- 1/4 cană piure de fructe de dragon
- 1 lingura miere sau sirop de artar (optional)
- Fructe de padure proaspete pentru topping

INSTRUCȚIUNI:

Într-un castron, amestecați împreună iaurtul grecesc, piureul de fructe de dragon și mierea sau siropul de arțar (dacă doriți).
Pune o cantitate mică de amestec de iaurt în fiecare ceașcă de mini brioșe sau formă de silicon.
Acoperiți cu fructe de pădure proaspete.
Repetați straturile până când cupele sau formele sunt umplute.
Puneți mușcăturile de parfait în congelator pentru cel puțin 2 ore pentru a se întări.
Odată congelate, scoateți mușcăturile din forme și transferați-le într-un recipient ermetic.
Servește fructele dragonului și fructele cu iaurt direct din congelator pentru un tratament răcoritor și sănătos.

20. Mușcături de cheesecake cu fructe de dragon

INGREDIENTE:
- 1 cană firimituri de biscuiți Graham
- 2 linguri de unt topit
- 8 uncii cremă de brânză, înmuiată
- 1/4 cană zahăr pudră
- 1/4 cană piure de fructe de dragon
- 1 lingurita extract de vanilie

INSTRUCȚIUNI:

Într-un castron, combinați firimiturile de biscuiți Graham și untul topit. Se amestecă până când firimiturile sunt acoperite uniform.

Apăsați amestecul de pesmet în fundul unei forme de mini brioșe sau a unei forme de silicon pentru a crea crusta.

Într-un castron separat, bateți crema de brânză, zahărul pudră, piureul de fructe de dragon și extractul de vanilie până când devine omogen și cremos.

Turnați amestecul de brânză cu cremă peste crusta de biscuiți graham din fiecare ceașcă de brioșe sau formă.

Neteziți blaturile cu o lingură sau o spatulă.

Puneți mușcăturile de cheesecake la frigider pentru cel puțin 2 ore pentru a se întări.

După ce se întăresc, scoateți mușcăturile din forme și serviți rece.

21. Trufe de ciocolată cu fructe de dragon

INGREDIENTE:
- 1/2 cană piure de fructe de dragon
- 8 uncii de ciocolată neagră, tocată
- 2 linguri de unt nesarat
- Nucă de cocos mărunțită sau pudră de cacao pentru rulare

INSTRUCȚIUNI:

Într-o cratiță, încălziți piureul de fructe de dragon la foc mediu până se fierbe.
Se ia de pe foc si se adauga in tigaie ciocolata neagra tocata si untul.
Se amestecă până când ciocolata și untul se topesc și amestecul este omogen.
Lăsați amestecul să se răcească la temperatura camerei.
După ce s-a răcit, puneți amestecul la frigider pentru aproximativ 1 oră sau până când este ferm.
Folosiți o lingură sau o mașină de pepene galben pentru a culege porțiuni mici din amestec și rulați-le în trufe de mărimea unei mușcături.
Rulați trufele în nucă de cocos mărunțită sau pudră de cacao pentru a le acoperi.
Asezati trufele pe o tava tapetata cu hartie de copt.
Dați la frigider cel puțin 1 oră pentru a se întări.
Bucurați-vă de aceste trufe de ciocolată cu fructe de dragon decadente ca un răsfăț încântător.

22. Curmale umplute cu fructe de dragon și unt de nuci

INGREDIENTE:
- Curmale Medjool, fără sâmburi
- Unt de nuci la alegere (cum ar fi unt de migdale sau unt de arahide)
- Felii de fructe de dragon pentru decor (opțional)

INSTRUCȚIUNI:
a) Luați fiecare curmale fără sâmburi și deschideți-o ușor.
b) Umpleți cavitatea fiecărei curmale cu o cantitate mică de unt de nuci.
c) Apăsați curmalele închise pentru a sigila untul de nuci.
d) Pune curmalele umplute pe o farfurie sau pe un vas de servire.
e) Decorați cu felii de fructe de dragon dacă doriți.
f) Bucurați-vă de aceste curmale umplute cu fructe de dragon și unt de nuci dulci și satisfăcătoare ca o gustare sau un desert sănătos.

FORM PRINCIPAL

23. Fructul dragonului cu pui și piure de nuci

INGREDIENTE:
PIURE
- ½ dovleac butternut mic, tăiat cubulețe
- 5 morcovi, feliați subțiri
- ¼ cană unt organic nesărat, tăiat în bucăți
- 2 linguri suc proaspăt de portocale
- 1 lingura suc proaspat de lamaie
- 2 lingurițe de ghimbir proaspăt decojit și ras
- ¼ de linguriță de sare de mare și piper negru măcinat

PUI
- 1 kilogram de pulpe de pui dezosate și fără piele
- 1 lingura ulei de masline
- 2½ lingurițe de cimbru proaspăt tocat mărunt
- 2 lingurite coaja proaspata de lamaie
- ¼ lingurita piper negru macinat
- ⅛ linguriță sare de mare

SALATĂ
- ¼ cană ulei de măsline extravirgin
- 2 linguri otet de mere
- 1 lingura de ghimbir curatat si tocat
- 1 lingura suc proaspat de portocale
- 1 lingura suc proaspat de lamaie
- 1 lingurita miere cruda
- ⅛ linguriță fiecare sare de mare și piper negru măcinat
- 1 fruct dragon (alb sau roz), decojit și tăiat cubulețe
- 2¼ cești de frisée ambalate tăiate în bucăți de 2 inci (aproximativ 4 oz) sau verdețuri amestecate
- 1 lingura de menta proaspata tocata marunt
- ⅓ cană de migdale nesărate prăjite mărunțite grosier
- 1 șalotă, tocată mărunt

INSTRUCȚIUNI:
a) Pune un gratar în treimea superioară a cuptorului; preîncălziți la 400°F.
b) Pregătiți piureul: Puneți un coș de aburi într-o oală mare cu apă la ½ inch sub coș.

c) Puneți dovleceii și morcovii în coș, acoperiți și aduceți la fierbere; reduceți căldura la mediu și gătiți la abur timp de 20 de minute, până când se înmoaie.

d) Transferați într-un blender împreună cu ingredientele rămase pentru piure; se amestecă până la omogenizare. Acoperiți pentru a se menține cald.

e) Între timp, pregătiți puiul: Ungeți puiul cu ulei; asezonați cu cimbru, coajă de lămâie, piper și sare. Aranjați pe o foaie de copt tapetată cu pergament.

f) Prăjiți până când puiul atinge o temperatură internă de 165 ° F, 15 până la 20 de minute.

g) Transferați pe o placă de tăiat; se lasa sa se odihneasca 10 minute, acoperit lejer. Tăiați în fâșii de ½ inch.

h) Pregătiți salata: într-un castron mediu, amestecați uleiul, oțetul, ghimbirul, suc de portocale, suc de lămâie, miere, sare și piper.

i) Adăugați ingredientele rămase pentru salată; aruncă ușor. Serviți cu piure și pui tăiat felii.

24. Creveți din fructele dragonului

INGREDIENTE:
- 1 fruct dragon
- 1 kilogram de creveți, decojiți și devenați
- 1 ardei gras rosu, feliat
- 1 ceapă galbenă, feliată
- 2 catei de usturoi, tocati
- 2 linguri sos de soia
- 2 linguri ulei vegetal

INSTRUCȚIUNI:
a) Tăiați fructele dragonului în jumătate și scoateți carnea.
b) Într-un wok sau o tigaie mare, încălziți uleiul vegetal la foc mare.
c) Adăugați creveții și prăjiți timp de 2-3 minute sau până când devin roz și gătiți.
d) Se adauga ardeiul gras, ceapa si usturoiul si se calesc inca 2-3 minute, sau pana cand legumele se inmoaie putin.
e) Adăugați sosul de soia și amestecați pentru a se combina.
f) Încorporați pulpa de fructe de dragon și gătiți încă 1-2 minute sau până când se încălzește.
g) Se serveste fierbinte cu orez sau taitei.

25. Poke Bowl cu fructe de dragon și somon

INGREDIENTE:

- 1 fruct dragon
- 1 kilogram de somon de calitate sushi, cuburi
- ½ cană de castraveți feliați
- ½ cană de avocado feliat
- ¼ cană de ceai tăiat felii
- 2 linguri sos de soia
- 2 linguri otet de orez
- 1 lingura ulei de susan
- Sare si piper dupa gust
- Orez fiert, pentru servire

INSTRUCȚIUNI:

a) Tăiați fructele dragonului în jumătate și scoateți carnea.
b) Într-un castron mare, combinați somonul, castraveții, avocado și ceai.
c) Într-un castron separat, amestecați sosul de soia, oțetul de orez, uleiul de susan, sarea și piperul.
d) Îndoiți dressingul în amestecul de somon până se combină bine.
e) Îndoiți pulpa fructului dragonului.
f) Serviți peste orez fiert.

26. Tacos cu fructe de dragon și porc

INGREDIENTE:
- 1 fruct dragon
- 1 kg carne de porc măcinată
- ½ cana ceapa rosie tocata
- ¼ cană coriandru tocat
- 1 lime, suc
- 2 lingurite pudra de chili
- 1 lingurita praf de usturoi
- 1 lingurita chimen
- Sare si piper dupa gust
- 8 tortilla mici

INSTRUCȚIUNI:
a) Tăiați fructele dragonului în jumătate și scoateți carnea.
b) Într-o tigaie mare, gătiți carnea de porc măcinată la foc mediu-înalt până se rumenește și este gătită.
c) Adăugați ceapa roșie, coriandru, sucul de lămâie, pudra de chili, pudra de usturoi, chimenul, sare și piper și amestecați pentru a se combina.
d) Încorporați pulpa de fructe de dragon și gătiți încă 1-2 minute sau până când se încălzește.
e) Încălziți tortilla în cuptorul cu microunde sau pe o grătar.
f) Puneți pe tortilla amestecul de carne de porc și fructe de dragon.
g) Serviți fierbinte cu coriandru suplimentar și felii de lime, dacă doriți.

27. Orez prajit cu dragon

INGREDIENTE:
- 2 cani de orez iasomie fiert (rece)
- 1 cană de legume tăiate cubulețe (cum ar fi morcovi, mazăre, ardei gras)
- 1/2 cană pui fiert tăiat cubulețe sau creveți (opțional)
- 2 linguri ulei vegetal
- 2 linguri sos de soia
- 1 lingura sos de stridii (optional)
- 1/2 lingurita ghimbir ras
- 2 catei de usturoi, tocati
- 2 ouă, bătute
- Sare si piper dupa gust
- Ceapa verde taiata felii pentru decor

INSTRUCȚIUNI:
Încinge ulei vegetal într-o tigaie mare sau wok la foc mediu-mare.
Se adaugă ghimbir ras și usturoi tocat și se călesc timp de 1 minut până se parfumează.
Adăugați legumele tăiate cubulețe și puiul sau creveții gătiți (dacă folosiți) și prăjiți timp de 2-3 minute până când legumele sunt fragede.
Împingeți legumele pe o parte a tigaiei și turnați ouăle bătute în cealaltă parte.
Se amestecă ouăle până sunt fierte, apoi se amestecă cu legumele.
Adăugați orezul fiert rece în tigaie și prăjiți încă 2-3 minute pentru a se încălzi.
Stropiți cu sos de soia și sos de stridii (dacă este folosit) peste orez și asezonați cu sare și piper.
Se prăjește încă 2 minute până când totul este bine combinat și încălzit.
Se ia de pe foc si se orneaza cu ceapa verde taiata felii.
Se serveste fierbinte.

28. Ton Pos Cu Salsa De Fructe Dragon

INGREDIENTE:
- 1 fruct mic de dragon - tăiat cubulețe
- 1 șalotă - tocată
- 1 serrano - Fresno, sau chile jalapeno, tocat
- 1 lingura menta tocata marunt - coriandru, sau busuioc
- 1 lingura de otet de vermut alb
- sare de mare si piper macinat dupa gust
- 4 fripturi de ton ahi proaspete
- un strop de ulei de măsline sau de cocos
- sare de mare și piper proaspăt măcinat

INSTRUCȚIUNI:
a) Tăiați fructele dragonului pe jumătate pe lungime și folosiți o lingură pe marginea exterioară pentru a scoate carnea. Adăugați într-un castron mic de pregătire.
b) Adăugați chile tocat, ceapă sau ceapă și oțet. Se amestecă pentru a combina.
c) Asezonați după gust cu sare și piper. Pus deoparte.
d) Încingeți grătarul sau tigaia la foc foarte mare.
e) Frecați fripturile de ton cu ulei de cocos. Asezonați cu sare și piper.
f) Se prăjește tonul pe ambele părți, 1-2 minute pe parte.
g) Tăiați fripturi de ton.
h) Serviți cu o linguriță generoasă de salsa.

29. Pui la gratar cu salsa de fructe de dragon

INGREDIENTE:
- 4 piept de pui dezosați și fără piele
- 1 fruct de dragon, tăiat cubulețe
- 1/2 ardei gras rosu, taiat cubulete
- 1/4 ceapă roșie mică, tăiată cubulețe
- Suc de 1 lime
- 2 linguri coriandru proaspăt, tocat
- Sare si piper dupa gust
- Ulei de măsline pentru grătar

INSTRUCȚIUNI:

Preîncălziți grătarul la foc mediu-mare.
Condimentam pieptul de pui cu sare si piper.
Pieptul de pui la grătar timp de aproximativ 6-8 minute pe fiecare parte sau până când este fiert.
Între timp, într-un castron, combinați fructele dragonului tăiate cubulețe, ardeiul gras roșu, ceapa roșie, sucul de lămâie și coriandru.
Condimentam salsa cu sare si piper dupa gust.
Lăsați salsa să stea aproximativ 10-15 minute pentru a permite aromelor să se topească.
Odată ce puiul este gătit, scoateți-l de pe grătar și lăsați-l să se odihnească câteva minute.
Acoperiți fiecare piept de pui la grătar cu o lingură de salsa cu fructe de dragon.
Serviți puiul la grătar cu o garnitură la alegere, cum ar fi legume prăjite sau orez.

30. Ciuperci Portobello umplute cu fructe de dragon

INGREDIENTE:
- 4 ciuperci Portobello mari
- 1 fruct de dragon, decojit și tăiat cubulețe
- 1 cană quinoa sau orez fiert
- 1/4 cană brânză feta mărunțită
- 2 linguri busuioc proaspăt tocat
- 2 linguri glazura balsamic
- Sare si piper dupa gust

INSTRUCȚIUNI:
Preîncălziți cuptorul la 375 ° F (190 ° C).
Scoateți tulpinile de pe ciupercile Portobello și curățați-le.
Într-un castron, combinați fructele dragonului tăiate cubulețe, quinoa sau orezul fiert, brânza feta mărunțită, busuioc proaspăt tocat, glazură balsamică, sare și piper.
Se amestecă bine până când toate ingredientele sunt combinate.
Umpleți fiecare ciupercă Portobello cu amestecul de fructe de dragon.
Asezati ciupercile umplute pe o tava tapetata cu hartie de copt.
Coaceți în cuptorul preîncălzit timp de 20-25 de minute sau până când ciupercile sunt fragede și umplutura este încălzită.
Serviți ciupercile Portobello umplute ca fel principal aromat și satisfăcător.

SUPE SI CURRURI

31. Fructul dragonului și curry de tofu

INGREDIENTE:
- 1 fruct dragon
- 1 bloc de tofu extra ferm, scurs și tăiat cubulețe
- 1 ardei gras rosu, feliat
- 1 ceapă galbenă, feliată
- 2 catei de usturoi, tocati
- 1 cutie de lapte de cocos
- 2 linguri pasta de curry rosu
- 2 linguri ulei vegetal
- Sare si piper dupa gust

INSTRUCȚIUNI:
a) Tăiați fructele dragonului în jumătate și scoateți carnea.
b) Într-o oală mare sau cuptor olandez, încălziți uleiul vegetal la foc mediu-mare.
c) Adăugați tofu și prăjiți timp de 2-3 minute sau până se rumenește ușor.
d) Se adauga ardeiul gras, ceapa si usturoiul si se calesc inca 2-3 minute, sau pana cand legumele se inmoaie putin.
e) Adăugați laptele de cocos, pasta de curry roșu, sare și piper și amestecați pentru a se combina.
f) Îndoiți fructele dragonului
g) Fierbeți curry-ul timp de 10-15 minute, sau până când legumele sunt gătite după bunul plac și sosul s-a îngroșat.
h) Se serveste fierbinte cu orez sau paine naan.

32. Supă de fructe proaspete cu flori roz

INGREDIENTE:
- 2 mere, tăiate cubulețe, înmuiate în apă cu sare
- 2 portocale, cuburi
- 125 de grame de căpșuni
- 1 cutie de cocktail de fructe
- 1 socor fără semințe
- 1 fruct dragon roșu, tăiat cubulețe
- 2 linguri de seminte de busuioc, inmuiate in 1 cana de apa fierbinte
- 1 litru de lapte cu conținut scăzut de grăsimi
- 80 ml lapte condensat
- 1 lingurita esenta de banane

SIROP SIMPLU:
- 250 de grame de zahăr
- 250 ml apă
- 1 bol cu cuburi de gheata

INSTRUCȚIUNI:

a) Pregătiți-vă toate fructele, turnați-le pe toate într-un castron mare.

b) În fructul tău, adaugă cocktailul de fructe fără sirop, semințe de busuioc, lapte, lapte condensat, esență de banane și sirop simplu.

c) Adăugați niște cuburi de gheață pentru a o face mai puțin groasă și a o face mai rece.

d) Pune-l în chiller cu aproximativ 1 până la 2 ore înainte de a-l servi.

33. Supa Pitaya Sago Cocos Mango

INGREDIENTE:
- ¼ de cană de perle de tapioca tip mic
- 2 mango coapte decojite și tăiate cubulețe
- 400 ml lapte de cocos tip grasime integrala
- 400 ml apă
- 1 fruct dragon roșu tăiat cubulețe și cât se dorește
- 50 g zahăr chinezesc rock

INSTRUCȚIUNI:
a) Într-o oală de mărime medie, cu apă pusă la foc mare, se aduce la fierbere. Amestecați ușor apa în timp ce fierbe și turnați treptat tapioca în timp ce amestecați.
b) Apoi reduceți focul la foc mediu. Se fierbe tapioca timp de 25 de minute neacoperit.
c) Apoi se odihnește în apă fierbinte la foc mic timp de 5-7 minute până când este limpede și transparentă. Se strecoară imediat într-o sită și se clătește sub apă rece.
d) Se lasă perlele în sită scufundate sub apă rece și se lasă deoparte.
e) Intr-o alta oala adauga laptele de cocos cu apa si zahar chinezesc. Fierbeți 5 minute până când zahărul s-a dizolvat complet, amestecând din când în când. Nu acoperiți acest lucru. Vei ști când nu vei mai vedea zahărul sau nu-l mai auzi zdrăngănind în oală.
f) Opriți focul și lăsați-l să se răcească în frigider sau congelator.
g) Împărțiți fructele tăiate cubulețe și tapioca strecurată adăugând bolurile de servire. Deasupra se toarnă lapte de cocos răcit și se servește rece.
h) Bucurați-vă!

34. Curry cu fructe de dragon

INGREDIENTE:
- 1 fruct de dragon, decojit și tăiat cuburi
- 1 cană lapte de cocos
- 1 cană bulion de legume
- 1 lingura pasta de curry rosu
- 1 lingura sos de peste (optional pentru varianta non-vegetariana)
- 1 lingura zahar brun
- 1 ardei gras rosu, feliat
- 1 ceapă mică, tăiată felii
- 1 cană de legume amestecate (cum ar fi buchețele de broccoli, mazărea de zăpadă și morcovii)
- Coriandru proaspăt pentru garnitură
- Orez fiert pentru servire

INSTRUCȚIUNI:
Într-o tigaie mare sau wok, încălziți puțin ulei la foc mediu.
Se adaugă pasta de curry roșu în tigaie și se prăjește timp de un minut până se parfumează.
Se toarnă laptele de cocos și bulionul de legume. Se amestecă pentru a combina.
Adaugati sosul de peste (daca folositi) si zaharul brun. Se amestecă pană când zahărul s-a dizolvat.
Adăugați ardeiul gras feliat, ceapa și legumele amestecate în tigaie. Se prăjește câteva minute până când legumele încep să se înmoaie.
Adăugați ușor cuburi de fructe de dragon în tigaie și amestecați pentru a le acoperi cu sosul de curry.
Acoperiți tigaia și fierbeți timp de aproximativ 5-7 minute sau până când legumele sunt gătite la frăgezimea dorită.
Ajustați condimentele dacă este necesar.
Servește curry cu fructe de dragon peste orez fiert.
Se ornează cu coriandru proaspăt.

SALATE

35. Salată de fructe de dragon cu vin de prune

INGREDIENTE:
- 2 fructe de dragon alb
- 2½ căni devin de prune
- 1 panet de afine
- 300 g struguri negri, fara samburi
- 2 tei
- 2 lingurite de zahar tos

INSTRUCȚIUNI:
SALATĂ
a) Tăiați fructele dragonului în jumătate, pe lungime. Folosind capătul mai mic al unei bile de pepene galben, aruncați cât mai multe bile cu fructe dragonului. Puneți fructele dragonului într-un borcan sau castron și turnați vin de prune peste fructul dragonului până când este complet scufundat. Pune la frigider pentru minim 24 de ore. Scurgeți și puneți deoparte.
b) Se spală afinele, se usucă și se lasă deoparte.
c) Tăiați strugurii negri fără semințe în jumătate sau treimi dacă sunt destul de mari. Pus deoparte.
d) Zest 2 lime. Se amestecă coaja de lămâie cu zahăr tos.

ASAMBLARE
e) Într-un bol de amestecare de mărime medie, amestecați ușor fructele dragonului, afinele și strugurii negri.
f) Pune salata de fructe pe o farfurie de servire.
g) Se presara generos cu coaja de lime si amestec de zahar.
h) Serviți imediat.

36. Salata de fructe exotice

INGREDIENTE:
- 2 mango coapte, papaya sau
- 6 kiwi, curatati si taiati
- 2 banane, decojite și tăiate
- 2 linguri de zahăr cofetar
- 2 linguri suc de lamaie sau miere
- ½ linguriță extract de vanilie
- ¼ de linguriță de pudră chinezească cu 5 condimente măcinate
- ½ zmeura
- 1 fruct dragon, cuburi
- Zahărul de cofetarie
- Frunze de menta

INSTRUCȚIUNI:
a) Bateți zahărul, sucul de lămâie sau mierea, vanilia și pudra chinezească cu 5 condimente.
b) Adăugați toate fructele.
c) Se pudră cu zahăr de cofetă și se ornează cu frunze de mentă.

37. Salată de mere cu fructe dragonului

INGREDIENTE:

1 fruct dragon
2 mere, tăiate cubulețe
1 cană de verdeață de salată mixtă
1/4 cana nuci tocate
2 linguri suc de lamaie
1 lingura miere
Sare si piper dupa gust
INSTRUCȚIUNI:

Tăiați fructele dragonului în jumătate și scoateți carnea.

Într-un castron mare, combinați pulpa de fructe de dragon, merele tăiate cubulețe, verdeața de salată amestecată și nuca mărunțită.

Într-un castron mic, amestecați sucul de lămâie, mierea, sare și piper.

Se toarnă dressingul peste salată și se amestecă.

Servit rece.

38. Salată de fructe de dragon cu Tajin

INGREDIENTE:

2 căni cuburi de fructe de dragon
1 castravete, taiat cubulete
1 lime, suc
Condimente Tajin după gust
Frunze proaspete de coriandru pentru ornat
INSTRUCȚIUNI:

Într-un bol de amestecare, combinați cuburi de fructe de dragon și castraveți tăiați cubulețe.

Stoarceți sucul de lămâie peste fructe și amestecați pentru a se combina.

Presărați condimente Tajin peste salată, după gust.

Se ornează cu frunze proaspete de coriandru.

Servit rece.

39. Salată de fructe de dragon și avocado cu creveți la grătar

INGREDIENTE:
1 fruct dragon, cuburi
2 avocado coapte, feliate
1 kg de creveți mari sau creveți, curățați și devenați
Salată mixtă de verdeață
2 linguri ulei de masline
Suc de 1 lămâie
Sare si piper dupa gust
INSTRUCȚIUNI:

Preîncălziți grătarul la foc mediu-mare.
Într-un castron, se amestecă creveții cu ulei de măsline, suc de lămâie, sare și piper.
Creveții la grătar aproximativ 2-3 minute pe fiecare parte sau până când sunt fierți. Pus deoparte.
Într-un castron mare de salată, combinați salata verde, cuburi de fructe dragon și avocado feliat.
Stropiți cu ulei de măsline și suc de lămâie.
Se condimenteaza cu sare si piper dupa gust.
Aruncați ușor salata pentru a combina toate ingredientele.
Împărțiți salata în farfurii și acoperiți cu creveții la grătar.
Serviți salata ca fel principal răcoritor și ușor.

40. Salată cu fructe de dragon și kiwi

INGREDIENTE:
- 1 fruct dragon, tăiat în jumătate, scos și tăiat cubulețe
- 1 kiwi, decojit și tăiat rondele
- ½ cană de afine
- ½ cană de zmeură
- ½ cană căpșuni

INSTRUCȚIUNI:

a) Scoateți cu grijă pulpa de fructe de dragon din fructele dragonului folosind o lingură, lăsând coaja intactă pentru a fi folosită ca bol de servire.
b) Tăiați fructe de dragon, kiwi și căpșuni.
c) Se amestecă și se pune înapoi în coaja de pitaya ca un castron.

41. Salată de fructe de dragon cu dressing de ghimbir și lămâie

INGREDIENTE:
PENTRU SALATA
- 2 fructe de dragon
- 1 papaya
- 2 fructe de kiwi
- 1 panet de afine
- 1 căpșuni punnet

PENTRU ENSEMARE
- ½ cană suc de lămâie (proaspăt stors)
- 2 linguri Ghimbir (proaspăt ras)
- 2 linguri zahăr brun

INSTRUCȚIUNI:

a) Spălați fructele dragonului și tăiați-l în jumătate pe lungime, mi se pare mai ușor să folosesc o lingură mare pentru a scoate carnea cu o lingură mare, dar puteți, de asemenea, să îndepărtezi ușor pielea de pe pulpă. Așezați fructul dragonului cu fața în jos pe tabla de tăiat și tăiați-l în cuburi de dimensiuni mici.

b) Spălați papaya și curățați-l cu un curățător de legume, tăiați-l în jumătate pe lungime, apoi scoateți semințele cu o lingură și clătiți pentru a elimina toate semințele. Puneți cu fața în jos pe tabla de tăiat și tăiați-l în cuburi de dimensiuni mici.

c) Spălați și curățați kiwi-ul, tăiați-l în sferturi pe lungime și tăiați-l în bucăți mici.

d) Puneți căpșunile într-o strecurătoare și clătiți bine sub jet de apă rece, pentru a nu le deteriora. Capsunile absorb apa usor, de aceea cel mai bine este sa le spalati si apoi sa le decorticati.

e) Atingeți ușor partea de jos a strecătoarei în chiuvetă pentru a permite apei să se scurgă și uscați. Decorticați boabele și apoi tăiați-le în jumătate sau sferturi, în funcție de cât de mari sunt.

f) Pune afinele într-o strecurătoare separată și clătește bine sub jet de apă rece. Atingeți strecurătoarea și uscați.

g) Puneți toate ingredientele pentru dressing într-un recipient sigilat cu sticlă și agitați bine pentru a se combina.

h) Gustați și adaptați-vă după bunul plac. Acesta este un sos de tartă, încreții, dacă preferați ceva mai dulce, apoi adăugați mai mult zahăr, miere sau sirop de arțar.

i) Puneți fructele, fructele de pădure și dressingul într-un castron mare și amestecați bine pentru a se combina. Aranjați într-un bol de salată și serviți cu iaurt de cocos sau înghețată.

42. Salată cu fructe de dragon și quinoa

INGREDIENTE:
- 1 fruct dragon
- 2 cani de quinoa fiarta
- ½ cană brânză feta măruntită
- ½ cană castraveți tocați
- ½ ceasca rosii cherry tocate
- 2 linguri de menta proaspata tocata
- 2 linguri ulei de masline
- 1 lingura miere
- Sare si piper dupa gust

INSTRUCȚIUNI:
a) Tăiați fructele dragonului în jumătate și scoateți carnea.
b) Într-un castron mare, combinați quinoa, brânza feta, castraveții, roșiile cherry și menta.
c) Într-un castron separat, amestecați uleiul de măsline, mierea, sarea și piperul.
d) Îndoiți dressingul în amestecul de quinoa până când se combină bine.
e) Îndoiți pulpa fructului dragonului.
f) Se serveste racit pe un pat de salata verde sau verdeata mixta.

43. Salată cu fructe de dragon și portocale cu sânge

INGREDIENTE:
2 căni de verdeață de salată mixtă
1 fruct dragon, cuburi
2 portocale sanguine, segmentate
¼ cană brânză feta mărunțită
2 linguri nuci de pin prajite
2 linguri de otet balsamic
2 linguri ulei de masline
Sare si piper dupa gust

INSTRUCȚIUNI:
Într-un castron mare, combinați salată verde, cuburi de fructe de dragon, bucăți de portocale sanguine, brânză feta mărunțită și nuci de pin prăjite.

Într-un castron mic separat, amestecați oțetul balsamic, uleiul de măsline, sarea și piperul.

Stropiți dressingul peste salată și amestecați pentru a se combina.

Serviți imediat.

44. Salată de fructe de dragon cu vin de prune

INGREDIENTE:

2 căni cuburi de fructe de dragon
2 prune, feliate
¼ cană vin de prune
2 linguri miere sau sirop de artar
Frunze de mentă proaspătă pentru decor

INSTRUCȚIUNI:

Într-un castron, combinați cuburi de fructe de dragon și prunele tăiate felii.

Într-un castron separat, amestecați vinul de prune și mierea sau siropul de arțar.

Turnați amestecul de vin de prune peste fructe și amestecați ușor pentru a se combina.

Lăsați salata la marinat la frigider pentru cel puțin 30 de minute.

Se ornează cu frunze de mentă proaspătă înainte de servire.

45. Salată cu fructe de dragon și crabi

INGREDIENTE:
- 1 fruct de dragon, tăiat cubulețe
- ½ kilogram de carne de crab
- ¼ cană maioneză
- ¼ cană iaurt grecesc
- 2 linguri de arpagic tocat
- 1 lingura suc de lamaie
- Sare si piper dupa gust

INSTRUCȚIUNI:
a) Într-un castron mediu, combinați maioneza, iaurtul grecesc, arpagicul, sucul de lămâie, sare și piper.
b) Încorporați ușor fructele dragonului tăiate cubulețe și carnea de crab.
c) Se lasa la rece cel putin 30 de minute inainte de servire.

46. Salată Waldorf de fructe de dragon

INGREDIENTE:
- 1 bucată Fructul dragonului copt, tăiat cubulețe
- 1 bucată măr verde tăiat cubulețe
- 1 bucată măr roșu tăiat cubulețe
- ½ cană de struguri roșii tăiați în jumătate
- ¼ cana coriandru tocat
- ⅓ cană iaurt grecesc
- 2 linguri de maioneza fara ou
- 1 lingurita suc de lamaie
- 2 lingurite miere
- ½ lingurita sare
- ½ lingurita de ghimbir ras
- 2 linguri migdale tocate
- 2 linguri caju tocate
- 1 lingura nuci tocate
- 5-6 frunze de salata verde

INSTRUCȚIUNI:

a) Într-un castron luați fructe de dragon cuburi, măr roșu și măr verde.

b) Într-un alt castron mic, amestecați iaurtul, mierea, maioneza, sarea, ghimbirul și sucul de lămâie.

c) Se toarnă dressingul pregătit peste fructele tăiate cubulețe.

d) Apoi adăugați struguri, migdale tocate, caju, nuci și coriandru.

e) Se amestecă pentru a se combina asigurându-se că dressingul acoperă bine fructele.

f) Dați salata la frigider pentru cel puțin 30 de minute. Se serveste rece peste un pat de salata verde

DESERT

47. Tartă cu Goji, Fistic și Lămâie

INGREDIENTE:
PENTRU CRASTĂ DE FIST CRU VEGAN:
- 1½ cani de faina de migdale sau faina de migdale
- ½ cană fistic
- 3 date
- 1½ lingură ulei de cocos
- ½ linguriță pudră de cardamom măcinat
- ⅛ linguriță sare

UMPLERE:
- 1½ cani de crema de cocos
- 1 cană suc de lămâie
- 1 lingura amidon de porumb
- 2 lingurite agar-agar
- ¼ cană sirop de arțar
- ½ linguriță pudră de turmeric măcinat
- 1 lingurita extract de vanilie
- ½ linguriță extract de goji

TOppinguri:
- o mână de boabe de goji
- fructul dragonului
- flori comestibile
- inimioare de ciocolată

INSTRUCȚIUNI:
COCHILA DE TARTA
a) Amestecați făina de migdale și fisticul într-un robot de bucătărie/blender până la o firimitură fină.
b) Adăugați restul ingredientelor din crustă și amestecați bine până obțineți un amestec uniform lipicios.
c) Adaugati aluatul de crusta intr-o forma de tarta si intindeti-l uniform in baza.
d) Se lasa la rece la frigider, in timp ce pregatesti umplutura.
UMPLERE
e) Se încălzește crema de cocos într-o cratiță medie, amestecând bine până se omogenizează și omogenizează.
f) Adăugați restul ingredientelor de umplutură, inclusiv amidonul de porumb și agar agar.

g) În timp ce amestecați continuu, aduceți la fiert și gătiți câteva minute până începe să se îngroașe.
h) Cand amestecul se ingroasa, se ia de pe foc si se lasa sa se raceasca 10-15 minute.
i) Apoi turnați peste crustă și lăsați-o să se răcească complet.
j) Pune la frigider pentru cel puțin câteva ore, până când umplutura se întărește complet.
k) Decorați cu fructe de pădure goji, bile de fructe de dragon și flori comestibile sau cu toppingurile preferate.

48. Parfait de iaurt cu fructe de dragon

INGREDIENTE:
- 1 fructe de dragon cu pulpă roșie, decojită
- 1 fructe de dragon cu pulpă albă, decojită
- 1 banană decojită
- 1 lingura miere
- 2 căni de iaurt simplu sau iaurt la alegere
- granola dupa gust
- afine după gust

INSTRUCȚIUNI:
a) Amestecați fructele dragonului (pulpa roșie), jumătate din fructele dragonului (pulpa albă), banana, mierea și 1 cană de iaurt până la omogenizare.
b) Cu jumătatea rămasă din fructul dragonului cu pulpă albă, folosiți o mașină de pepene galben pentru a transforma carnea în bile. Pus deoparte.
c) Umpleți pahare cu iaurt rămas (aproximativ ⅓ din ceașcă). Acoperiți iaurtul cu amestecul amestecat.
d) Decorați cu afine, granola și bile de fructe de dragon (pulpă albă).

49. Popsicles cu fructe de dragon

INGREDIENTE:
- 3 căni de fructe de dragon congelate sau proaspete
- 1 cană zmeură congelată sau proaspătă
- 2 portocale, suc
- 1 lime, suc
- ½ cană apă de cocos
- ½ cana zahar sau sirop de zahar optional

INSTRUCȚIUNI:
a) Combinați toate ingredientele într-un blender până se omogenizează complet. Adăugați apă de cocos suplimentară dacă este necesar pentru a obține consistența dorită. Opțional, adăugați până la ½ cană de zahăr pentru nivelul de dulceață dorit.
b) Se toarnă amestecul de fructe de dragon în forma pentru popsicle și se adaugă bețișoare de popsicle de lemn. Congelați timp de 4-6 ore sau până când este complet înghețat.
c) Scoateți paletele din mucegai și bucurați-vă!

50. Sorbet cu fructe de dragon

INGREDIENTE:
- 2 fructe de dragon
- ¼ cană miere
- ¼ cană apă
- Suc de 1 lime

INSTRUCȚIUNI:
a) Tăiați fructele dragonului în jumătate și scoateți carnea.
b) Puneți pulpa fructelor dragonului într-un blender sau robot de bucătărie până când se omogenizează.
c) Într-o cratiță mică, încălziți mierea și apa la foc mediu, amestecând până când mierea s-a dizolvat.
d) Adăugați amestecul de miere și sucul de lămâie în piureul de fructe de dragon și amestecați până se omogenizează bine.
e) Turnați amestecul într-un aparat de înghețată și amestecați conform instrucțiunilor producătorului.
f) Transferați sorbetul într-un recipient și congelați cel puțin 1 oră înainte de servire.

51. Cupcakes din șifon cu fructe de dragon

INGREDIENTE:
- 3 gălbenușuri de ou
- 25 g zahăr tos
- 70 g piure de fructe de dragon
- 40 g ulei de porumb
- ¼ lingurita extract de vanilie
- 55 g făină auto-crescătoare
- 2 linguri faina de porumb
- 3 Albus de ou
- ⅛ lingurita crema de tartru
- 60 g zahăr tos

INSTRUCȚIUNI:

a) Bateți gălbenușurile și zahărul până devin ușor și pufos. Se amestecă cu piure de fructe de dragon, ulei de porumb și extract de vanilie. Se amestecă ușor în făină auto-crescătoare și făină de porumb.

b) Într-un castron curat separat, bate albușurile, crema de tartru și zahărul tos până devine pufoasă și tare. Îndoiți cu grijă amestecul de gălbenușuri în albușul bătut până se omogenizează bine.

c) Turnați aluatul în căptușeală de cupcake. Loviți ușor garniturile de cupcake pentru a elibera bulele de aer.

d) Se coace in cuptorul preincalzit la 170C timp de 10 minute apoi se reduce temperatura la 160C si se mai coace inca 20-25 de minute sau pana cand o frigaruie introdusa in prajitura iese curata.

e) Scoateți din cuptor și răsturnați imediat tortul.

f) Lăsați netulburat până se răcește complet.

52. Tort cu mousse de zmeura si fructe de dragon

INGREDIENTE:
PENTRU PRĂJIILE MOUSE:
- 1 cană de caju crude, înmuiate peste noapte
- 4,2 uncii de fructe de dragon
- ½ cană de zmeură
- 5 linguri crema de cocos
- 3 linguri ulei de cocos extravirgin, topit
- 2 linguri nectar de agave
- ½ lingurita esenta de vanilie
- 1 lingura suc de lamaie
- Un praf de sare de Himalaya

PENTRU SOS DE CIOCOLATA:
- ⅓ cană chipsuri de ciocolată vegană
- 2 lingurite ulei de cocos extravirgin

INSTRUCȚIUNI:
PENTRU A FACE PRĂJTIILE MUSSE:
a) Scurgeți caju înmuiat și clătiți bine.
b) Amestecați bine toate ingredientele, cu excepția uleiului de cocos, într-un robot de bucătărie de mare viteză. Amestecă până devine omogen. Adăugați ulei de cocos topit. Se amestecă și se amestecă din nou până se omogenizează bine.
c) Se toarnă amestecul în cupe de brioșe. Se da la congelator pentru 3 ore sa se fixeze.

Pentru a face sosul de ciocolata:
d) Topiți chipsurile de ciocolată folosind un fierbător dublu.
e) Adăugați ulei de cocos și amestecați bine cu un tel. Așteptați câteva minute până când ciocolata începe să se îngroașe.
f) Peste fiecare prăjitură răcită se stropește câte o lingură de sos de ciocolată.

53. Jeleuri din fructe de dragon

INGREDIENTE:
- 6 căni de apă
- 2 linguri Agar Agar Pudră
- 200 g miere crudă
- 1 cană piure de fructe de dragon
- 3 frunze de pandan – legate într-un nod (opțional)

INSTRUCȚIUNI:

a) Adăugați pudră de agar agar cu 1 cană (250 ml) apă într-o oală medie și amestecați bine până se amestecă bine. Adăugați un echilibru de apă și frunze de pandan și aduceți-l la fiert. Asigurați-vă că pulberea s-a dizolvat complet. Opriți focul și îndepărtați frunzele de pandan.

b) Adăugați echilibrul ingredientelor și amestecați bine.

c) Se toarnă în formă sau în tavă (20 cm x 20 cm). După ce s-a răcit, se dă la frigider pentru 30 de minute.

d) Pentru a elibera din matriță, folosiți un cuțit de unt pentru a rula pe margini și strângeți ușor matrița pentru a elibera agar-agar. Pentru agarul din recipiente, folosiți un cuțit de unt pentru a le tăia în forme pătrate sau dreptunghiulare.

54. Popsicles de guava cu fructe de dragon

INGREDIENTE:

1 cană piure de fructe de dragon
½ cană suc de guava
¼ cană apă
2 linguri miere sau sirop de artar
Forme pentru palete
Bețișoare de popsicle

INSTRUCȚIUNI:

Într-un blender, combinați piureul de fructe de dragon, sucul de guava, apa și mierea sau siropul de arțar. Se amestecă până se combină bine.
Turnați amestecul în forme pentru popsicle.
Introduceți bețișoare de popsicle în forme.
Congelați cel puțin 4-6 ore sau până când este complet înghețat.
Pentru a scoate popsicles-urile din forme, treceți formele sub apă caldă timp de câteva secunde.
Se serveste congelat.

55. Popsicles cu fructe de dragon cu zmeură

INGREDIENTE:

1 cană piure de fructe de dragon
1 cană piure de zmeură
¼ cană apă
2 linguri miere sau sirop de artar
Forme pentru palete
Bețișoare de popsicle

INSTRUCȚIUNI:

Într-un blender, combinați piureul de fructe de dragon, piureul de zmeură, apa și mierea sau siropul de arțar. Se amestecă până se combină bine.
Turnați amestecul în forme pentru popsicle.
Introduceți bețișoare de popsicle în forme.
Congelați cel puțin 4-6 ore sau până când este complet înghețat.
Pentru a scoate popsicles-urile din forme, treceți formele sub apă caldă timp de câteva secunde.
Se serveste congelat.

56. Tort cu Strat de Fructe Dragon Roz

INGREDIENTE:

2 ½ căni de făină universală
2 ½ lingurițe de praf de copt
½ lingurita sare
1 cană unt nesărat, înmuiat
2 căni de zahăr
4 ouă mari
1 lingurita extract de vanilie
1 cană lapte
½ cană piure de fructe de dragon
Colorant alimentar roz (opțional)
Glazură cu cremă de unt
Felii de fructe de dragon pentru decor

INSTRUCȚIUNI:

Preîncălziți cuptorul la 350°F (175°C). Ungeți și făinați trei forme de tort de 8 inci.
Într-un castron, amestecați făina, praful de copt și sarea.
Într-un castron separat, cremă împreună untul și zahărul până devine ușor și pufos.
Bateți ouăle, pe rând, urmate de extractul de vanilie.
Adăugați treptat amestecul de făină la ingredientele umede, alternând cu laptele. Se amestecă până când se combină.
Împărțiți aluatul uniform în trei părți. Lăsați o porție simplă, amestecați colorantul alimentar roz în a doua porție și amestecați piureul de fructe de dragon în a treia porție.
Turnați fiecare porție de aluat într-o tavă separată pentru tort.
Coaceți 20-25 de minute sau până când o scobitoare introdusă în centru iese curată.
Scoateți din cuptor și lăsați prăjiturile să se răcească în tavă timp de 10 minute înainte de a le transfera pe un grătar pentru a se răci complet.
Odată ce prăjiturile s-au răcit, stratificați-le cu glazură de unt între fiecare strat.
Înghețați partea de sus și părțile laterale ale tortului cu glazura de cremă de unt rămasă.
Se ornează cu felii de fructe de dragon.
Tăiați și serviți.

57. Tartă cu blat cu fructe de dragon

INGREDIENTE::
PENTRU CRASTĂ DE TARTA:
- 1 1/2 cani de faina universala
- 1/4 cană zahăr granulat
- 1/2 lingurita sare
- 1/2 cana unt nesarat, rece si taiat cubulete
- 1 galbenus de ou mare
- 2 linguri de apă cu gheață

PENTRU Umplutura:
- 8 uncii cremă de brânză, înmuiată
- 1/4 cană zahăr pudră
- 1 lingurita extract de vanilie

TOPING:
- 2 căni de fructe de dragon, tăiate cuburi
- Frunze de mentă proaspătă pentru decor (opțional)

INSTRUCȚIUNI:
a) Preîncălziți cuptorul la 375 ° F (190 ° C).
b) Într-un robot de bucătărie, combinați făina, zahărul granulat și sarea. Pulsați de câteva ori pentru a amesteca.
c) Adăugați untul rece tăiat cubulețe și pulsați până când amestecul seamănă cu firimituri grosiere.
d) Într-un castron mic, amestecați gălbenușul de ou și apa cu gheață.
e) Turnați încet amestecul de gălbenușuri în robotul de bucătărie în timp ce pulsați, până când aluatul se îmbină.
f) Întoarceți aluatul pe o suprafață ușor înfăinată și frământați-l de câteva ori pentru a-l aduna.
g) Întindeți aluatul pentru a se potrivi într-o tavă de tartă și transferați-l în tavă, apăsând-l în partea de jos și în sus pe laterale.
h) Tăiați orice exces de aluat de pe margini.
i) Înțepați fundul crustei cu o furculiță pentru a preveni umflarea acesteia în timpul coacerii.
j) Pune tava de tartă la frigider pentru aproximativ 15 minute pentru a se răci.
k) Coaceți crusta de tartă în cuptorul preîncălzit timp de 15-18 minute sau până se rumenește.
l) Scoatem din cuptor si lasam sa se raceasca complet.
m) Într-un castron, bateți crema de brânză moale, zahărul pudră și extractul de vanilie până la omogenizare și cremoasă.

n) Întindeți uniform umplutura cu cremă de brânză peste crusta de tartă răcită.

o) Aranjați fructele dragonului cuburi deasupra umpluturii, creând un model decorativ.

p) Decorați cu frunze proaspete de mentă dacă doriți.

q) Dă tarta la frigider pentru cel puțin 1 oră înainte de servire pentru a permite aromelor să se topească și umpluturii să se stabilească.

r) Tăiați și serviți rece.

58. Plăcintă cu fructe de dragon imposibil

INGREDIENTE:

1 cană piure de fructe de dragon
½ cană făină universală
1 ½ cană de lapte
¾ cană zahăr
4 ouă
1 lingurita extract de vanilie
½ lingurita sare
Frisca pentru topping

INSTRUCȚIUNI:

Preîncălziți cuptorul la 350°F (175°C). Ungeți un vas de plăcintă de 9 inci.

Într-un castron, amestecați piureul de fructe de dragon, făina, laptele, zahărul, ouăle, extractul de vanilie și sarea până se combină bine.

Turnați amestecul în tava de plăcintă unsă.

Coaceți 45-50 de minute sau până când plăcinta este întărită și o scobitoare introdusă în centru iese curată.

Scoatem din cuptor si lasam sa se raceasca complet.

După ce s-a răcit, dați la frigider cel puțin 2 ore înainte de servire.

Acoperiți cu frișcă înainte de servire.

59. Tort cu cremă de unt cu fructe de dragon

INGREDIENTE:
Pentru tort:
2 ½ căni de făină universală
2 ½ linguriţe de praf de copt
½ linguriţa sare
1 cană unt nesărat, înmuiat
2 căni de zahăr
4 ouă mari
1 linguriţa extract de vanilie
1 cană lapte
½ cană piure de fructe de dragon
Colorant alimentar roz (opţional)
PENTRU CREMA DE UNT:
1 cană unt nesărat, înmuiat
4 căni de zahăr pudră
1 linguriţa extract de vanilie
2-3 linguri piure de fructe de dragon
Colorant alimentar roz (opţional)

INSTRUCŢIUNI:
Preîncălziţi cuptorul la 350°F (175°C). Unge şi făină două forme de tort de 9 inci.
Într-un castron, amestecaţi făina, praful de copt şi sarea.
Într-un castron separat, cremă împreună untul şi zahărul până devine uşor şi pufos.
Bateţi ouăle, pe rând, urmate de extractul de vanilie.
Adăugaţi treptat amestecul de făină la ingredientele umede, alternând cu laptele. Se amestecă până când se combină.
Împărţiţi aluatul uniform în formele de tort pregătite.
Coaceţi 25-30 de minute sau până când o scobitoare introdusă în centru iese curată.
Scoateţi din cuptor şi lăsaţi prăjiturile să se răcească în tavă timp de 10 minute înainte de a le transfera pe un grătar pentru a se răci complet.
Într-un castron separat, amestecaţi untul înmuiat, zahărul pudră, extractul de vanilie şi piureul de fructe de dragon până când devine omogen şi cremos. Adăugaţi colorant alimentar roz dacă doriţi.
Odată ce prăjiturile s-au răcit, îngheţaţi-le cu crema de unt cu fructe de dragon.
Tăiaţi şi serviţi.

60. Fructul Dragonului Barfi

INGREDIENTE:
- 2 căni de piure de fructe de dragon
- 1 cană lapte condensat
- 1 cană lapte praf
- 1/2 cană ghee (unt clarificat)
- Fistic tocat și migdale pentru ornat

INSTRUCȚIUNI:

Într-o tigaie antiaderentă, încălziți ghee-ul la foc mic.
Adăugați piureul de fructe de dragon și gătiți, amestecând continuu, până se îngroașă ușor.
Adăugați în tigaie laptele condensat și laptele praf. Amesteca bine.
Gatiti amestecul la foc mic, amestecand continuu, pana se ingroasa si incepe sa lase marginile tigaii.
Se ia de pe foc si se lasa sa se raceasca cateva minute.
Ungeți o farfurie sau o tavă de copt cu ghee.
Transferați amestecul pe farfuria unsă și întindeți-l uniform.
Se ornează cu fistic și migdale tocate, apăsându-le ușor în amestec.
Se lasa sa se raceasca complet si apoi se da la frigider cateva ore pentru a se intari.
Tăiați în bucăți și serviți.

61. Budinca de tapioca cu fructe de dragon

INGREDIENTE:
- 1/2 cană perle mici de tapioca
- 2 căni de apă
- 1 cană piure de fructe de dragon
- 1/2 cană zahăr
- 1/2 cană lapte de cocos
- Fructe dragon tăiate pentru decor

INSTRUCȚIUNI:

Într-o cratiță, aduceți apa la fiert.
Adăugați perle de tapioca în apa clocotită și gătiți timp de aproximativ 15 minute, amestecând din când în când, până când perlele devin translucide.
Scurgeți perlele de tapioca fierte și clătiți-le sub apă rece.
Într-o cratiță separată, combinați piureul de fructe de dragon, zahărul și laptele de cocos. Se încălzește la foc mediu până când amestecul începe să fiarbă.
Adăugați perlele de tapioca fierte în amestecul de fructe de dragon și amestecați bine.
Gatiti inca 2-3 minute pana se incalzeste.
Se ia de pe foc si se lasa sa se raceasca putin.
Transferați budinca în boluri sau pahare de servire.
Se ornează cu fructe de dragon tăiate felii.
Serviți cald sau rece.

62. Fructul Dragonului Firni

INGREDIENTE:
- 1 cană piure de fructe de dragon
- 4 cani de lapte
- 1/2 cană făină de orez
- 1/2 cană zahăr
- 1/4 lingurita pudra de cardamom
- Fistic tocat și migdale pentru ornat

INSTRUCȚIUNI:

Într-un blender, pasează fructele dragonului până la omogenizare.
Intr-o cratita se incinge laptele la foc mediu pana incepe sa fiarba.
Într-un castron separat, amestecați făina de orez și puțină apă pentru a obține o pastă netedă.
Se toarnă încet amestecul de făină de orez în laptele care fierbe, amestecând continuu.
Gatiti amestecul la foc mic, amestecand continuu, pana se ingroasa si ajunge la o consistenta asemanatoare budincii.
Adăugați zahărul și pudra de cardamom și amestecați până se omogenizează bine.
Se ia de pe foc si se lasa sa se raceasca cateva minute.
Se amestecă piureul de fructe de dragon.
Se toarnă firni în boluri de servire și se ornează cu fistic și migdale tocate.
Dați la rece până se răcește înainte de servire.

63. Cremă cu fructe de dragon cu tartă cu bezea cu alune

INGREDIENTE:
PENTRU TARTA DE ALUNE DE BEZENGĂ:
- 1 1/2 cană de biscuiți graham zdrobiți
- 1/2 cană unt topit
- 1/2 cana alune tocate
- 1/4 cană zahăr
- 3 albusuri
- 1/4 lingurita crema de tartru
- 1/2 cană zahăr

PENTRU CREMA DE FRUCTE DRAGON:
- 2 căni de piure de fructe de dragon
- 1 cană lapte
- 1/2 cană zahăr
- 1/4 cană amidon de porumb
- 4 gălbenușuri de ou
- 1 lingurita extract de vanilie

INSTRUCȚIUNI:
Preîncălziți cuptorul la 350°F (175°C).

Într-un castron, combinați biscuiții graham zdrobiți, untul topit, alunele tocate și 1/4 cană de zahăr. Amesteca bine.

Presă amestecul într-o tavă de tartă, formând crusta.

Coaceți crusta în cuptorul preîncălzit pentru aproximativ 10 minute până când devine ușor aurie. Scoatem din cuptor si lasam sa se raceasca.

Intr-un castron separat, bate albusurile spuma cu crema de tartru pana se formeaza varfuri moi.

Adăugați treptat 1/2 cană de zahăr, batând până se formează vârfuri tari.

Întindeți amestecul de bezea peste crusta de tartă răcită, asigurându-vă că acoperiți și marginile.

Coaceți la cuptor pentru aproximativ 20 de minute sau până când bezeaua devine maro aurie. Scoatem din cuptor si lasam sa se raceasca.

Într-o cratiță, combinați piureul de fructe de dragon, laptele, zahărul, amidonul de porumb și gălbenușurile de ou. Se bate bine.

Gatiti amestecul la foc mediu, amestecand continuu, pana se ingroasa si ajunge la fierbere.

Se ia de pe foc și se amestecă cu extract de vanilie.

Turnați crema în crusta de tartă pregătită.

Se lasa sa se raceasca complet inainte de servire.

64. Fructul dragonului nucă de cocos Modak

INGREDIENTE:
- 1 cană nucă de cocos proaspătă rasă
- 1/2 cană lapte condensat
- 1/2 cană pulpă de fructe de dragon
- 1/2 cană zahăr pudră
- 1 cană făină de orez
- 1/2 cană apă
- Ghee (unt clarificat) pentru ungere

INSTRUCȚIUNI:

Intr-o tigaie se incinge nuca de cocos rasa si laptele condensat la foc mediu.

Gatiti, amestecand continuu, pana cand amestecul se ingroasa si incepe sa lase marginile tigaii.

Adăugați în tigaie pulpa de fructe de dragon și zahărul pudră. Se amestecă bine și se fierbe încă 2-3 minute.

Luați amestecul de pe foc și lăsați-l să se răcească.

Într-o tigaie separată, combinați făina de orez și apa pentru a obține un aluat neted.

Luați o porție mică din aluat și aplatizați-o în formă de disc.

Puneți o lingură din amestecul de nucă de cocos din fructele dragonului în centrul discului.

Îndoiți marginile discului pentru a sigila umplutura și modelați-o într-un modak.

Repetați procesul cu aluatul rămas și umplutura.

Gătiți modak-urile într-un cuptor cu abur timp de aproximativ 10-12 minute.

Scoateți din cuptorul cu abur și lăsați-le să se răcească înainte de servire.

65. Fructul Dragonului Kalakand

INGREDIENTE:
- 2 cesti paneer ras (branza de vaci indiana)
- 1 cană pulpă de fructe de dragon
- 1/2 cană lapte condensat
- 1/4 cană zahăr pudră
- 1/4 lingurita pudra de cardamom
- Nuci tocate pentru garnitură (cum ar fi migdale sau fistic)

INSTRUCȚIUNI:
Într-o tigaie antiaderentă, încălziți panoul ras la foc mic.
Adăugați în tigaie pulpa de fructe de dragon, laptele condensat, zahăr pudră și pudra de cardamom.
Amestecați bine și gătiți, amestecând continuu, până când amestecul se îngroașă și începe să lase marginile cratiței.
Se ia de pe foc si se lasa sa se raceasca putin.
Ungeți o farfurie sau o tavă de copt cu ghee.
Transferați amestecul pe farfuria unsă și întindeți-l uniform.
Se orneaza cu nuci tocate si se presara usor in amestec.
Se lasa sa se raceasca complet si apoi se da la frigider cateva ore pentru a se intari.
Tăiați în bucăți și serviți.

66. Jeleu sau budincă de fructe de dragon

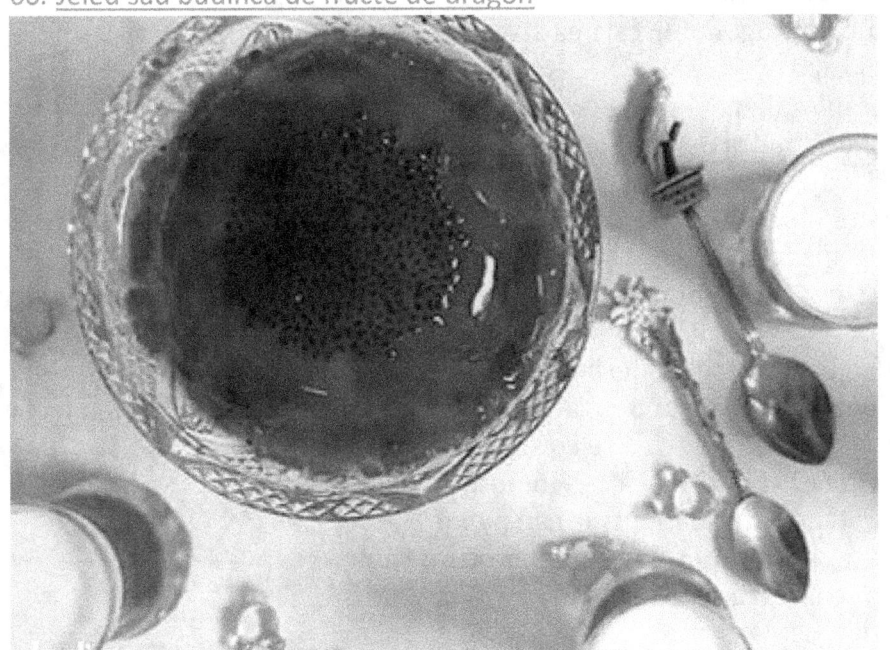

INGREDIENTE:
1 Fructul dragonului, carnea scoasă
1 cană apă
1/2 cană zahăr
1 lingură pudră de agar-agar

INSTRUCȚIUNI:
Într-un blender, pasați pulpa de fructe de dragon până la omogenizare.
Într-o cratiță, combinați apa, zahărul și pudra de agar-agar. Amesteca bine.
Aduceți amestecul la fierbere la foc mediu, amestecând continuu.
Reduceți focul la mic și adăugați piureul de fructe de dragon. Se amestecă bine pentru a se combina.
Continuați să gătiți încă 2-3 minute până când amestecul se îngroașă.
Turnați amestecul în forme sau pahare de servire.
Se lasa sa se raceasca la temperatura camerei, apoi se da la frigider pana se fixeaza.
Servit rece.

67. Budincă cu fructe de dragon roșu

INGREDIENTE:
- 1 fruct dragon roşu
- 1 cană lapte de cocos
- 1/4 cană zahăr
- 2 linguri amidon de porumb
- 1/4 lingurita extract de vanilie
- Frunze de mentă proaspătă pentru decor (opţional)

INSTRUCŢIUNI:

Tăiaţi fructele dragonului roşu în jumătate şi scoateţi carnea.
Într-un blender, pasaţi pulpa de fructe de dragon până la omogenizare.
Într-o cratiţă, combinaţi laptele de cocos, zahărul şi amidonul de porumb. Bateţi până când zahărul şi amidonul de porumb se dizolvă.
Puneti cratita la foc mediu si gatiti, amestecand continuu, pana cand amestecul se ingroasa.
Luaţi de pe foc şi adăugaţi piureul de fructe de dragon şi extractul de vanilie.
Turnaţi amestecul în boluri de servire sau ramekins.
Lăsaţi-l să se răcească la temperatura camerei, apoi daţi la frigider pentru cel puţin 2 ore pentru a se întări.
Se ornează cu frunze de mentă proaspătă înainte de servire.

CONDIMENTE

68. Salsa cu fructe de dragon

INGREDIENTE:
- 1 fruct mare de dragon
- 3 linguri suc proaspăt de lămâie
- 1 jalapeno taiat cubulete
- 2 linguri de arpagic taiat cubulete
- strop de sare

INSTRUCȚIUNI:
a) Adăugați toate ingredientele într-un bol mediu și amestecați.
b) Lăsați să stea timp de 1 oră, astfel încât aromele să se amestece.
c) Serviți cu chipsuri tortilla de porumb.

69. Guacamole din fructele dragonului

INGREDIENTE:

- 1 fruct dragon
- 2 avocado coapte
- ¼ cană ceapă roșie tăiată cubulețe
- ¼ cană coriandru tocat
- 1 ardei jalapeno, fără semințe și tocat
- 2 linguri suc de lamaie
- Sare si piper dupa gust
- Chipsuri de tortilla, pentru servire

INSTRUCȚIUNI:

a) Tăiați fructele dragonului în jumătate și scoateți carnea.
b) Într-un castron mediu, zdrobiți avocado cu o furculiță sau un zdrobitor de cartofi.
c) Încorporați fructele dragonului, ceapa roșie, coriandru, ardei jalapeno, suc de lămâie, sare și piper.
d) Se amestecă bine și se lasă guacamole să stea cel puțin 10 minute pentru a permite aromelor să se topească.
e) Se serveste racit cu chipsuri tortilla.

70. Chutney de fructe de dragon

INGREDIENTE:
- 1 fruct de dragon, tăiat cubulețe
- 1 lingura ulei vegetal
- 1 ceapa mica, tocata marunt
- 2 catei de usturoi, tocati
- 1 lingura de ghimbir ras
- ¼ cană zahăr brun
- ¼ cană oțet de mere
- ¼ lingurita de scortisoara macinata
- Sare si piper dupa gust

INSTRUCȚIUNI:
a) Încinge uleiul într-o cratiță medie la foc mediu.
b) Adăugați ceapa, usturoiul și ghimbirul și căleți până când ceapa este moale și translucidă, aproximativ 5 minute.
c) Adăugați fructele dragonului tăiate cubulețe, zahăr brun, oțet de mere, scorțișoară, sare și piper.
d) Se aduce la fierbere, apoi se reduce focul și se lasă să fiarbă până când sosul se îngroașă și fructul dragonului este moale aproximativ 15-20 de minute.
e) Se servește ca condiment pentru carnea la grătar sau ca sos pentru chifle de primăvară.

71. Muștar cu fructe de dragon

INGREDIENTE:
- ½ cană de semințe de muștar galben
- ½ cană oțet de vin alb
- ¼ cană cu fructe de dragon tăiate
- ¼ cană miere
- ½ lingurita sare

INSTRUCȚIUNI:
a) Înmuiați semințele de muștar în apă timp de cel puțin 6 ore sau peste noapte.
b) Scurgeți semințele de muștar și puneți-le într-un blender sau robot de bucătărie.
c) Adăugați oțetul de vin alb, fructele dragonului tăiate cubulețe, mierea și sarea.
d) Se amestecă până la omogenizare.
e) Transferați amestecul într-un borcan curat și lăsați-l la frigider pentru cel puțin 24 de ore înainte de utilizare.
f) Utilizați ca condiment pentru sandvișuri, hot dog sau burgeri.

72. Aioli cu fructe de dragon

INGREDIENTE:
- 1 fruct de dragon, tăiat cubulețe
- ¼ cană maioneză
- 1 cățel de usturoi, tocat
- 1 lingura suc de lamaie
- Sare si piper dupa gust

INSTRUCȚIUNI:
a) Într-un blender, combinați fructele dragonului tăiate cubulețe, maioneza, usturoiul, sucul de lămâie, sare și piper.
b) Se amestecă până la omogenizare.
c) Transferați amestecul într-un bol și lăsați-l la rece cel puțin 30 de minute înainte de servire.
d) Folosiți-l ca condiment pentru sandvișuri și burgeri sau ca sos pentru cartofi prăjiți.

73. Sos BBQ cu fructe de dragon

INGREDIENTE:
- 1 fruct de dragon (pitaya), decojit și tocat
- 1 cană de ketchup
- 1/4 cană zahăr brun
- 2 linguri sos de soia
- 2 linguri otet de mere
- 1 lingură sos Worcestershire
- 1 lingură muștar de Dijon
- 1 lingurita praf de usturoi
- 1 lingurita praf de ceapa
- 1/2 lingurita boia afumata
- Sare si piper dupa gust

INSTRUCȚIUNI:
a) Intr-un blender sau robot de bucatarie, paseaza fructele dragonului tocate pana se omogenizeaza.
b) Într-o cratiță medie, combinați piureul de fructe de dragon, ketchup-ul, zahărul brun, sosul de soia, oțetul de mere, sosul Worcestershire, muștarul Dijon, pudra de usturoi, praf de ceapă și boia de ardei afumată.
c) Puneti cratita la foc mediu si aduceti amestecul la fiert.
d) Reduceți focul la mic și lăsați sosul să fiarbă aproximativ 15-20 de minute, amestecând din când în când pentru a preveni arderea.
e) Gustați sosul și asezonați cu sare și piper după preferințe.
f) Scoateți cratita de pe foc și lăsați sosul BBQ cu fructe de dragon să se răcească.
g) Odată răcit, îl puteți folosi imediat ca glazură pentru carnea la grătar sau îl puteți păstra într-un recipient ermetic la frigider pentru utilizare ulterioară.

74. Sirop de fructe de dragon

INGREDIENTE:
- 2 fructe de dragon (pitaya), decojite și tăiate cubulețe
- 1 cană zahăr granulat
- 1 cană apă
- 1 lingură suc de lămâie (opțional, pentru un plus de aciditate)

INSTRUCȚIUNI:
a) Intr-un blender sau robot de bucatarie, paseaza fructele dragonului taiate cubulete pana se omogenizeaza.
b) Într-o cratiță medie, combinați piureul de fructe de dragon, zahărul granulat, apa și sucul de lămâie (dacă este folosit).
c) Puneti cratita la foc mediu si aduceti amestecul la fiert, amestecand din cand in cand pentru a dizolva zaharul.
d) Reduceți focul la mic și lăsați siropul să fiarbă ușor timp de aproximativ 15-20 de minute, lăsându-l să se îngroașe ușor.
e) Scoateți cratita de pe foc și lăsați siropul să se răcească.
f) Odată răcit, strecoară siropul printr-o sită cu plasă fină pentru a îndepărta orice semințe sau pulpă, apăsând cu o lingură pentru a extrage tot lichidul.
g) Transferați siropul într-un borcan de sticlă sterilizat sau într-o sticlă și păstrați-l la frigider.

SMOOTHIES

75. Smoothie Dragon Mango

INGREDIENTE:
- ¾ cană pitaya congelată/fructul dragonului
- 1 cană felii de mango congelate
- ¾ cană suc de ananas

INSTRUCȚIUNI:

a) Intr-un blender de bucatarie standard adauga toate ingredientele si mixeaza pana se omogenizeaza.

76. Smoothie cu fructe de dragon pe bază de plante

INGREDIENTE:
- 1 ½ cană de fructe de dragon tăiate cubulețe și congelate
- 1 banană coaptă
- ½ cană de afine congelate
- ½–1 cană lapte vegetal, în funcție de grosimea dorită
- ½ cană de afine congelate

INSTRUCȚIUNI:
a) Într-un blender mare de mare viteză, pune în fund fructele dragonului, banana, afinele, laptele și semințele de chia.
b) smoothie cu fructe de dragon
c) Porniți blenderul, pornind de la o viteză mică și crescând treptat viteza până când totul este complet omogenizat și neted.
d) smoothie cu fructe de dragon
e) Serviți imediat!

77. Lassi cu aromă de fructe de dragon

INGREDIENTE:
- 1 banană coaptă
- 1 cană iaurt simplu
- 1/2 cană pulpă de fructe de dragon
- 2 linguri miere sau sirop de arțar
- Un praf de pudră de cardamom
- Cuburi de gheata (optional)

INSTRUCȚIUNI:

Într-un blender, combinați banana coaptă, iaurtul simplu, pulpa de fructe de dragon, mierea sau siropul de arțar și pudra de cardamom.
Se amestecă până se omogenizează și se combină bine.
Dacă doriți, adăugați cuburi de gheață și amestecați din nou până când lassi-ul se răcește.
Se toarnă în pahare și se servește imediat.

78. Smoothie cu fructe de dragon cu fructe de pădure

INGREDIENTE:
PERIUȚĂ:
- 1 cană zmeură congelată
- 1 ¾ cană de fructe de dragon roz congelate (200 de grame)
- ½ cană mure congelate
- 5,3 uncii iaurt grecesc cu căpșuni (150 grame)
- 2 linguri de seminte de chia
- 1 lingurita suc de lamaie (½ lime)
- 1 lingurita de ghimbir ras
- 1 cană lapte de migdale neîndulcit sau lapte la alegere

GARNITURA OPTIONALA:
- seminţe chia
- fructe de padure

INSTRUCȚIUNI:
a) Adăugați zmeură, fructe de dragon, mure, iaurt, semințe de chia, lime și ghimbir într-un recipient de blender. Se adaugă laptele de migdale, se acoperă și se amestecă la maxim până se omogenizează.

b) Faceți o pauză pentru a răzui părțile laterale ale recipientului cu o spatulă, după cum este necesar. Dacă smoothie-ul este prea gros, turnați atât lapte de migdale cât este necesar pentru a obține consistența dorită.

c) Turnați smoothie-ul într-un pahar și acoperiți cu semințe de chia și fructe de pădure, dacă doriți.

79. Borcane pentru Smoothie cu Nucă de Cocos Chia Dragon Fruit

INGREDIENTE:
- 1 cană de lapte de cocos (sau lactate sau alternative de lactate la alegere)
- 3 linguri de seminte de chia
- 2 linguri nucă de cocos mărunțită
- 2 banane mici congelate
- 2 linguri pudră de fructe de dragon (pitaya).
- Fructe și nucă de cocos mărunțită pentru topping, opțional

INSTRUCȚIUNI:

a) Împărțiți laptele de cocos, semințele de chia și nuca de cocos în mod egal între două borcane de 8 uncii, acoperiți și amestecați sau agitați bine. Puneți borcanele acoperite la frigider peste noapte pentru a permite budinca de semințe de chia să se îngroașe.

b) Când sunt gata de mâncare, puneți bananele într-un blender și amestecați până la omogenizare.

c) Adăugați pudră de fructe de dragon și procesați până se amestecă într-un piure de banane.

d) Turnați piure de banane/fructe de dragon deasupra budincii de semințe de chia în borcane.

e) Acoperiți cu fructe și nucă de cocos mărunțită pentru ornat, dacă doriți.

80. Smoothie cu fructe de dragon cu vanilie învolburată

INGREDIENTE:

1 banana congelata
1 cană piure de fructe de dragon
1/2 cană iaurt grecesc simplu
1/2 cană lapte de migdale (sau orice lapte la alegere)
1 lingurita extract de vanilie
Topping-uri la alegere (cum ar fi banane feliate, fructe de pădure, semințe de chia)

INSTRUCȚIUNI:

Într-un blender, combinați banana congelată, piureul de fructe de dragon, iaurtul grecesc, laptele de migdale și extractul de vanilie.
Se amestecă până când este omogen și cremos.
Turnați smoothie-ul într-un bol.
Învârtiți un piure suplimentar de fructe de dragon pentru a crea un efect marmorat.
Acoperiți cu toppingurile dorite, cum ar fi banane feliate, fructe de pădure și semințe de chia.
Bucurați-vă imediat.

81. Smoothie cu fructe de dragon și ananas

INGREDIENTE:
- 1 cană de fructe de dragon tăiate cubulețe
- 1 cană de ananas tăiat cubulețe
- ½ cană suc de portocale
- ½ cană lapte de cocos
- ½ cană cuburi de gheață

INSTRUCȚIUNI:
a) Combinați toate ingredientele într-un blender.
b) Se amestecă până când este omogen și cremos.
c) Turnați într-un pahar și bucurați-vă!

82. Smoothie cu fructe de dragon sângeros

INGREDIENTE:

1 fruct dragon
1 cană apă de cocos
1/2 cană zmeură congelată
1/2 cană căpșuni congelate
1 lingura miere (optional)
Cuburi de gheata (optional)

INSTRUCȚIUNI:
Tăiați fructele dragonului în jumătate și scoateți carnea.
Într-un blender, combinați pulpa de fructe de dragon, apa de cocos, zmeura congelată, căpșunile congelate și mierea (dacă doriți).
Se amestecă până se omogenizează și se combină bine.
Dacă doriți, adăugați cuburi de gheață și amestecați din nou până când smoothie-ul este răcit.
Se toarnă în pahare și se servește imediat.

83. Bol de pitaya (fructul dragonului)

INGREDIENTE:

1 fruct de dragon copt
1 banană
1/2 cană fructe de pădure congelate (cum ar fi căpșuni sau afine)
1/4 cană lapte de migdale (sau orice lapte la alegere)
Toppinguri la alegere (granola, fructe tăiate, nuci, semințe)
INSTRUCȚIUNI:
Tăiați fructele dragonului în jumătate și scoateți carnea.
Într-un blender, combinați pulpa de fructe de dragon, banana, fructele de pădure congelate și laptele de migdale.
Se amestecă până când este omogen și cremos.
Se toarnă amestecul într-un bol.
Acoperiți cu toppingurile dorite, cum ar fi granola, fructe tăiate, nuci și semințe.
Bucurați-vă imediat.

84. Smoothie cu fructe de sfeclă și fructe de dragon

INGREDIENTE:
- 1 sfeclă roșie, fiartă și curățată de coajă
- 1 fruct dragon
- 1 cană lapte de migdale (sau orice lapte la alegere)
- 1 lingura de seminte de chia
- 1 lingura miere sau sirop de artar
- Cuburi de gheata (optional)

INSTRUCȚIUNI:

Tăiați sfecla roșie și fructele dragonului în bucăți.
Într-un blender, combinați bucățile de sfeclă roșie, bucățile de fructe de dragon, laptele de migdale, semințele de chia și mierea sau siropul de arțar.
Se amestecă până se omogenizează și se combină bine.
Dacă doriți, adăugați cuburi de gheață și amestecați din nou până când smoothie-ul este răcit.
Se toarnă în pahare și se servește imediat.

85. Smoothie Bowl cu fructe de dragon și ghimbir

INGREDIENTE:

1 banana congelata
1 cană piure de fructe de dragon
1/2 cană iaurt grecesc simplu
1/2 cană lapte de migdale (sau orice lapte la alegere)
1 lingura de ghimbir proaspat, ras
Toppinguri la alegere (cum ar fi granola, fructe tăiate, fulgi de nucă de cocos)

INSTRUCȚIUNI:
Într-un blender, combinați banana congelată, piureul de fructe de dragon, iaurtul grecesc, laptele de migdale și ghimbirul proaspăt.
Se amestecă până când este omogen și cremos.
Turnați smoothie-ul într-un bol.
Acoperiți cu toppingurile dorite, cum ar fi granola, fructe tăiate și fulgi de nucă de cocos.
Bucurați-vă imediat.

86. Milkshake cu fructe de dragon

INGREDIENTE:
- 1 fruct de dragon copt
- 1 cană lapte (lactate sau pe bază de plante)
- 1/2 cană înghețată de vanilie
- 1 lingura miere (optional)
- Cuburi de gheata (optional)

INSTRUCȚIUNI:

Tăiați fructele dragonului în jumătate și scoateți carnea.

Într-un blender, combinați pulpa de fructe de dragon, laptele, înghețata de vanilie și mierea (dacă doriți).

Se amestecă până când este omogen și cremos.

Dacă doriți, adăugați cuburi de gheață și amestecați din nou până când milkshake-ul este răcit.

Se toarnă în pahare și se servește imediat.

87. Smoothie cu fructe de dragon și migdale

INGREDIENTE:
- 1 fruct de dragon copt
- 1 cană lapte de migdale (sau orice lapte la alegere)
- 1 lingura unt de migdale
- 1 lingura miere sau sirop de artar
- Cuburi de gheata (optional)

INSTRUCȚIUNI:
Tăiați fructele dragonului în jumătate și scoateți carnea.
Într-un blender, combinați pulpa de fructe de dragon, laptele de migdale, untul de migdale și mierea sau siropul de arțar.
Se amestecă până când este omogen și cremos.
Dacă doriți, adăugați cuburi de gheață și amestecați din nou până când smoothie-ul este răcit.
Se toarnă în pahare și se servește imediat.

88. Smoothie de ovăz cu fructe de dragon

INGREDIENTE:
- 1 banană coaptă
- 1/2 cană piure de fructe de dragon
- 1/2 cană de ovăz
- 1 cană lapte de migdale (sau orice lapte la alegere)
- 1 lingura miere sau sirop de artar
- Cuburi de gheata (optional)

INSTRUCȚIUNI:

Într-un blender, combinați banana coaptă, piureul de fructe de dragon, ovăzul rulat, laptele de migdale și mierea sau siropul de arțar.

Se amestecă până când este omogen și cremos.

Dacă doriți, adăugați cuburi de gheață și amestecați din nou până când smoothie-ul este răcit.

Se toarnă în pahare și se servește imediat.

89. Dragon Fruit Mango Iaurt și Yakult Smoothie

INGREDIENTE:
- 1 mango copt, tăiat cubulețe
- 1/2 cană piure de fructe de dragon
- 1/2 cană iaurt simplu
- 1 sticlă Yakult sau orice băutură probiotică
- 1 lingura miere sau sirop de artar
- Cuburi de gheata (optional)

INSTRUCȚIUNI:

Într-un blender, combinați mango tăiat cubulețe, piureul de fructe de dragon, iaurtul simplu, Yakult și mierea sau siropul de arțar.

Se amestecă până se omogenizează și se combină bine.

Dacă doriți, adăugați cuburi de gheață și amestecați din nou până când smoothie-ul este răcit.

Se toarnă în pahare și se servește imediat.

90. Smoothie cu fructe de dragon și căpșuni

INGREDIENTE:
- 1 cană de fructe de dragon tăiate cubulețe
- 1 cană căpșuni proaspete
- 1 banană
- ½ cană iaurt simplu
- ½ cană cuburi de gheață

INSTRUCȚIUNI:
a) Combinați toate ingredientele într-un blender.
b) Se amestecă până când este omogen și cremos.
c) Turnați într-un pahar și bucurați-vă!

COCKTAILURI ŞI MOCKTAILURI

91. Mojito cu fructe de dragon

INGREDIENTE:

- 2 uncii de rom ușor
- ½ uncie de suc de lamaie
- 2-3 linguri de fructe de dragon tăiate cubulețe
- ½ uncie de sirop simplu
- 5-7 crengute de menta rupte
- strop de apă sodă

INSTRUCȚIUNI:

a) Începeți cu agitatorul de cocktail și adăugați fructe, mentă, lime și sirop simplu. Încurcă dracu din astea!
b) Adăugați gheață și rom. Apoi scutură-l ca un nebun
c) Luați întregul capac de pe agitator și turnați amestecul într-un pahar.
d) Acoperiți cu gheață suplimentară dacă aveți nevoie
e) Acoperiți cu un strop de apă sodă
f) Se ornează cu o felie de fructe de dragon

92. Limead de castraveți din fructele dragonului

INGREDIENTE:
PENTRU SIROPUL DE FRUCTE DRAGON:
- 1 cană zahăr
- 1 cană apă fierbinte (nu trebuie să fiarbă)
- 100 g fructe de dragon roz congelate (aproximativ ½ cană)

PENTRU LIMATE DE CASTRAVETE DE FRECT DRAGON:
- 1 uncie sirop de fructe de dragon
- 1 uncie suc proaspăt de lămâie
- ½ castravete pentru copii (sau 3 felii de castravete mari)
- 1 felie jalapeno (opțional)
- 4-6 uncii de apă plată sau spumante (după gust)
- 1 ½ uncie vodcă sau tequila (opțional)

PENTRU A FACE UN LOT MARE:
- 1 cană sirop de fructe de dragon
- 1 cană suc proaspăt de lămâie (aproximativ 8-9 lime)
- 4-6 căni de apă plată rece sau spumante (după gust)
- 1 castravete, tocat
- ½ jalapeno, tocat (opțional. Scoateți semințele pentru mai puțină căldură)
- 1 ½ cană de vodcă sau tequila (opțional)

INSTRUCȚIUNI:
PENTRU SIROPUL DE FRUCTE DRAGON:
a) Combinați zahărul, apa fierbinte și fructele dragonului congelate într-un borcan rezistent la căldură sau alt recipient. Se amestecă pentru a ajuta la dezghețarea fructelor și la dizolvarea zahărului.

b) Lăsați amestecul să stea câteva minute până când toate fructele s-au dezghețat și zahărul s-a dizolvat. Utilizați o strecurătoare cu plasă fină pentru a strecura semințele și orice exces de pulpă.

c) Păstrați orice sirop rămas într-un recipient sigilat la frigider timp de până la 2 săptămâni.

PENTRU LIMATE DE CASTRAVETE DE FRECT DRAGON:
d) Într-un shaker de cocktail, amestecați castraveții și, opțional, jalapeno.

e) Dacă folosiți apă plată: adăugați siropul, sucul de lămâie, alcool opțional și 4-6 uncii de apă în agitator și umpleți ¾ cu gheață. (Dacă folosiți vodcă, începeți cu 4 uncii de apă, puteți adăuga mai mult, după gust, după aceea).

f) Se agită până se răcește, apoi se strecoară lichidul într-un pahar highball umplut cu gheață și se ornează cu castraveți.

g) Dacă folosiți apă minerală: adăugați siropul, sucul de lămâie, alcool opțional și 1 uncie de apă plată în agitator și umpleți ¾ cu gheață.

h) Agitați până se răcește, apoi strecurați fin lichidul într-un pahar highball cu gheață și acoperiți cu 4-5 uncii de apă spumante, după gust. Se ornează cu castraveți.

PENTRU A FACE UN LOT MARE:

i) Adăugați castravetele și jalapeno opțional într-un blender cu suficientă apă pentru ca blenderul să funcționeze (încercați ¼ de cană). Se amestecă până se lichefiază în mare parte, apoi se folosește o strecurătoare fină pentru a îndepărta pulpa, rezervând lichidul.

j) Într-un ulcior mare, adăugați siropul de fructe de dragon, sucul proaspăt de lămâie și lichidul de castraveți/jalapeno. Se amestecă pentru a combina.

k) Dacă adăugați vodcă sau tequila, adăugați 12 uncii (1 ½ căni) de alcool în ulcior și acoperiți cu 4-5 căni de apă plată rece sau spumante, după gust. Dacă săriți peste alcool, adăugați 5-6 căni de apă plată sau spumante, după gust. Se amestecă ușor și se servește în pahare highball peste gheață.

l) Decorați fiecare băutură cu castraveți.

93. Litchi Dragon Mocktail

INGREDIENTE:
- 1 cană suc de litchi
- 1/2 cană piure de fructe de dragon
- 1/4 cană suc de lămâie
- 1 lingura miere sau sirop de artar
- Apa minerala
- Cuburi de gheata
- Litchi sau felii de fructe de dragon pentru decor

INSTRUCȚIUNI:
Într-un ulcior, combinați sucul de litchi, piureul de fructe de dragon, sucul de lămâie și mierea sau siropul de arțar. Amesteca bine.
Umpleți paharele cu cuburi de gheață.
Turnați amestecul de mocktail în pahare, umplându-le aproximativ 3/4.
Acoperiți cu apă sodă.
Se ornează cu lichi sau felii de fructe de dragon.
Servit rece.

94. Suc de dragon roșu de kiwi

INGREDIENTE:
- 1 fruct dragon roșu
- 2 kiwi
- 1 cană apă
- 1 lingura miere sau sirop de artar (optional)
- Cuburi de gheata (optional)

INSTRUCȚIUNI:
Tăiați fructele dragonului roșu în jumătate și scoateți carnea.
Curățați și tăiați kiwi-urile.
Într-un blender, combinați pulpa de fructe de dragon, kiwi tăiat cubulețe, apă și miere sau siropul de arțar (dacă doriți).
Se amestecă până se omogenizează și se combină bine.
Dacă doriți, strecurați sucul pentru a îndepărta orice pulpă.
Răciți sucul la frigider pentru cel puțin 1 oră.
Turnați în pahare și adăugați cuburi de gheață dacă doriți.
Se serveste rece.

95. Limonada din fructele dragonului

INGREDIENTE:
- 1 fruct mare de dragon - pulpă roz sau albă, fără coajă
- 5 căni de apă
- ½ cană nectar de agave sau sirop de arțar
- 1 cană suc de lămâie proaspăt stors

INSTRUCȚIUNI:
a) Amestecă fructele dragonului cu 1 cană de apă până la textura dorită.
b) Transferați amestecul de fructe de dragon într-un ulcior de limonadă și adăugați restul de 4 căni de apă, suc de lămâie și îndulcitor. Amestecați, gustați și ajustați îndulcitorul și/sau apa, dacă este necesar.
c) Poate fi servit imediat peste un pahar umplut cu cuburi de gheata.
d) Păstrați la frigider să se răcească și amestecați bine înainte de servire. Bucurați-vă!

96. Fructe Dragon-Suc de prune

INGREDIENTE:
- 1 fruct dragon
- 2 prune coapte
- 1 cană apă
- 1 lingura miere (optional)
- Cuburi de gheata (optional)

INSTRUCȚIUNI:

Tăiați fructele dragonului în jumătate și scoateți carnea.

Scoateți sâmburele de pe prune și tăiați-le în bucăți.

Într-un blender, combinați pulpa de fructe de dragon, bucățile de prune, apa și mierea (dacă doriți).

Se amestecă până se omogenizează și se combină bine.

Dacă doriți, strecurați sucul pentru a îndepărta orice pulpă.

Răciți sucul la frigider pentru cel puțin 1 oră.

Turnați în pahare și adăugați cuburi de gheață dacă doriți.

Se serveste rece.

97. Margarita din fructele dragonului

INGREDIENTE:
- 1 cană de fructe de dragon tăiate cubulețe
- ¼ cană suc de lămâie
- ¼ cană suc de portocale
- ¼ cană triplu sec
- Sare pentru bordurarea paharului
- Cuburi de gheata

INSTRUCȚIUNI:

a) Ridicați un pahar cu sare.

b) Amestecă fructele dragonului, sucul de lime, sucul de portocale și triple sec într-un blender până la omogenizare.

c) Umpleți paharul cu cuburi de gheață și turnați amestecul peste gheață.

d) Ornați cu o felie de lămâie sau fructe de dragon tăiate cubulețe suplimentare.

98. Pulverizator de fructe de dragon

INGREDIENTE:

- 1 cană de fructe de dragon tăiate cubulețe
- ¼ cană suc de lămâie
- ¼ cană sirop simplu
- 1 cană apă spumante
- Cuburi de gheata

INSTRUCȚIUNI:

a) Încurcă fructele dragonului într-un agitator.
b) Adăugați sucul de lămâie și siropul simplu în agitator și agitați bine.
c) Se strecoară amestecul într-un pahar umplut cu cuburi de gheață.
d) Completați cu apă spumante și ornat cu fructe dragonului tăiate cubulețe suplimentare.

99. Cocktail de fructe de dragon și fructe de soc

INGREDIENTE:

2 uncii piure de fructe de dragon
1 uncie lichior de soc
1 uncie de vodcă
1 uncie suc de lamaie
½ uncie sirop simplu
Cuburi de gheata
Felii de fructe de dragon pentru decor

INSTRUCȚIUNI:

Într-un shaker de cocktail, combinați piureul de fructe de dragon, lichiorul de soc, vodca, sucul de lămâie și siropul simplu.

Umpleți agitatorul cu cuburi de gheață și agitați bine.

Se strecoară amestecul într-un pahar umplut cu gheață.

Se ornează cu felii de fructe de dragon.

Servit rece.

100. Cocktail Pitaya Picante

INGREDIENTE:
1 ½ uncie tequila
1 uncie suc de lamaie
1 uncie sirop simplu
½ uncie triple sec
½ cană piure de fructe de dragon
2-3 felii de jalapeño
Cuburi de gheata
Bucuri de lime și felii de fructe de dragon pentru ornat
INSTRUCȚIUNI:

Într-un shaker de cocktail, amestecați feliile de jalapeño.

Adăugați tequila, suc de lămâie, sirop simplu, triple sec și piure de fructe de dragon în agitator.

Umpleți agitatorul cu cuburi de gheață și agitați bine.

Se strecoară amestecul într-un pahar umplut cu gheață.

Se ornează cu felii de lime și felii de fructe de dragon.

Servit rece.

CONCLUZIE

Sperăm că această carte de bucate te-a inspirat să încorporezi fructele dragonului în mesele tale și să încerci rețete noi care îi prezintă aroma unică și aspectul uimitor. Indiferent dacă ești un bucătar experimentat sau un începător, fructele dragonului sunt un ingredient versatil și ușor de utilizat, care poate ridica orice fel de mâncare.

Așadar, data viitoare când sunteți la magazinul alimentar sau la piața fermierilor, asigurați-vă că luați câteva fructe dragon și lăsați-vă creativitatea să scape în bucătărie. Cu FRUCTE DE DRAGONUL TRATEAZĂ alături, cu siguranță îți vei impresiona prietenii și familia cu creațiile tale delicioase și sănătoase din fructele dragonului. Bucurați-vă!

www.ingramcontent.com/pod-product-compliance
Lightning Source LLC
Chambersburg PA
CBHW050152130526

44591CB00033B/1285